ドキュメント 五代目山口組

溝口 敦

講談社+α文庫

文庫版のためのまえがき

今、山口組の内部がどうなっているか、わかる人は少ないにちがいない。組長の表情や考えはもとより、幹部のそれも外に伝わってこない。毎月初め、神戸市灘区篠原《しのはら》本町《ほんまち》の山口組総本部で開かれる定例会もほとんど十分、二十分といった短時間で終わることが多く、半《なか》ば儀礼化しているらしい。

五代目山口組がスタートを切ったのは一九八九（平成元）年五月である。五代目組長には、それまで若頭だった渡辺芳則・二代目山健組組長が就《つ》いた。組内ナンバー2《ツー》の若頭には宅見勝・宅見組組長、総本部長には岸本才三・岸本組組長といった体制で、五代目山口組は船出した。

三年後の一九九二年三月、暴力団対策法が施行された。六月、兵庫県公安委員会は同法に基づき山口組を「指定暴力団」に指定した。これにより指定団体の組員は用心棒代の要求や債権の取り立て、地上げなど暴力的要求行為を禁止され、中止命令に従わなければ一年以下の懲役、百万円以下の罰金に処せられることになった。山口組は「暴力団対策法は結社の自由に反し違憲」として、兵庫県公安委員会を相手取り、指定の取消しを求める行政訴訟と執行停止の申し立てを神戸地裁に起こしたが、のちに取り下げた。

暴力団対策法は、それまで社会的に半公認の存在だった暴力団を、暴力団であるがゆえに悪とする法律といえるかもしれない。原則的に暴力団としての活動を許容せず、一般人や企業による暴力団の利用も禁止する。早い話、暴力団に用心棒や債権取り立てを頼む企業や店主など依頼主の側も罰せられるのだ。

従来、暴力団と社会との間には狭い通路が通じていた。その通路を閉ざす法であることから、山口組もまた警察や社会に対してカラを閉じ、情報を流出させず、秘密化したとしても、不思議はないともいえよう。

こうした暴力団対策法が山口組を閉鎖的にする外的な理由とすれば、山口組の組織や活動を不透明にする内的な理由もまた別にあった。

一九九七年八月、宅見勝若頭は新神戸オリエンタルホテルで四人組の男に射殺された。たまたま現場に居合わせた芦屋《あしや》市の歯科医も頭部を撃たれ、数日後に死亡した。

八月末、山口組執行部は若頭補佐の一人、中野太郎・中野会会長を破門し、三日後、処分をより重い絶縁（永久追放）に換えた。兵庫県警が中野会の犯行と断定する前に、山口組執行部は中野会組員の関与を推定し、中野会長を処分したことになる。

中野会側は当初、頑強に犯行への関わりを否定していたが、県警の捜査は徐々に絞り込まれ、翌九八年から、襲撃に加わった中野会メンバーを相次いで逮捕、収監した。中野会系の組員たちが上部の指示・命令で宅見若頭を射殺したことは動かせない事実になった。

以前の山口組では、組長や執行部が組員を絶縁処分したからには、処分された組長はヤクザ社会を引退、率《ひき》いた組は解散することが不文律だった。たとえば七七年四月、山口組の執行部は「三代目山口組幹部一同」の名で、かつて若頭補佐だった菅谷政雄・菅谷組組長を絶縁処分し、四年後の八一年四月、菅谷組長は抵抗むなしく獄中で引退を表明、菅谷組を解散した。

絶縁しても引退、解散しないときには攻撃を加えてでも、引退、解散を迫る。まして中野会は山口組のナンバー2を白昼、暗殺した「仲間殺し」という大罪を犯した組である。山口組の全組が打って一丸、攻撃して当然と思えたのだが、報復に立った組は旧宅見組系など少数だった。

山口組が中野会攻撃に積極的でない理由の一つに五代目組長自らが「攻撃禁止」「発砲禁止」を主張したからともされる。渡辺組長は、宅見若頭の射殺に踏み切った中野太郎会長の心情を理解し、中野会長に同情的というのだ。そのせいか、中野会の山口組への復帰も何度か囁《ささや》かれた。

宅見若頭が射殺されてほぼ五年たった今なお中野会は健在である。ばかりか、警察庁は中野会を山口組から独立した単独団体として暴力団対策法による指定団体とし、同会は一道二府五県に約百七十人の構成員を持つとしている（平成十三年版『警察白書』）。同会ナンバー2の弘田憲二副会長は今年四月、那覇市内で射殺されたが、同会はその後、新幹部人事を決め、新名称で再スタートを切ると伝えられる。

宅見事件以降、山口組の執行部は機能を麻痺《まひ》、中野会問題をきっちり解決できないばかりか、後任の若頭人事さえ決められずにいる。若頭と舎弟頭の座は空席のままであり、一部に岸本才三総本部長が二つの代行を兼ねているとも伝えられる。

宅見事件当時、若頭補佐は六人いた。英五郎、司忍、滝澤孝、桑田兼吉、古川雅章、中野太郎という組長たちだったが、このうち中野会・中野太郎会長は前記の通り絶縁処分を受けて山口組を離れた。弘道会・司忍会長は事件後、ボディーガードの組員が拳銃を所持していたとして銃刀法違反容疑で逮捕された。芳菱会・滝澤孝総長も同じくボディーガードの拳銃所持で指名手配されて、行方をくらまし、ようやく去年七月に逮捕された。三代目山健組・桑田兼吉組長も同じく警護の組員の拳銃所持で逮捕され、公判を抱えた。

こうして若頭補佐のうち、実質的に動けるメンバーはわずかに英五郎、古川雅章両組長だけになったが、二〇〇二年七月、後藤組・後藤忠政組長（静岡県富士宮市）を若頭補佐に加えた。宅見事件以降、幹部人事は停滞しっぱなしだったが、久しぶりに日の目を見た人事といえる。

現在は日本社会が大きく変わっていく曲がり角の時代である。戦後そこそこうまく機能してきたシステムが次々行き詰まり、改変を迫られている。暴力団社会も暴力団対策法やバブル経済の崩壊、平成不況、不法滞在の外国人による犯罪などを原因とも結果ともして、これまでとあり方を変えている。

外側からはわかりにくく、見えにくくなって当然だが、中でも山口組の変化は激しく、マスコミとの接触禁止の厳格化など、閉鎖性の面で他の広域団体と同レベルになった。外への働きかけを控え、内にこもる山口組には現在の暴力団情況という一般的な理由のほか、さらに個別的な事情が加わったからと見られる。山口組は一和会と分裂、山一抗争を戦う中で五代目を決めていく。かつて経験したことのない苛酷な状況とそこからの脱出は山口組を歪《ゆが》め、明らかに体質を変えた。

今の山口組を理解する上で、本書はいささかヒントになるのではないか、筆者はひそかに自負している。今に至る前史を忠実にレポートしたのが本書だからだ。が、くだくだしく口上や前宣伝は述べまい。文庫化に当たっては必要最小限の改変にとどめた。

二〇〇二年八月

溝口《みぞぐち》　敦《あつし》

ドキュメント　五代目山口組◉目次

第二章　抗争の中の人間ドラマ

第六章　混迷する対竹中組戦略

ドキュメント　五代目山口組

はじめに

「渡辺芳則氏にひと言申し上げます。これより山口組五代目襲名相続の盃事《さかずきごと》に移りますが、このお神酒《みき》を飲み干せば、すなわち貴殿は山口組の相続者、ならびに五代目継承者と相なります。一家一門の統領たる者、つねに何ごとにも清濁《せいだく》あわせ呑《の》む覚悟を持ち、かつ四代目の名を汚《けが》さぬよう、これつとめねばなりません。

すでに十二分なる覚悟を持っておいでとは存じますが、あらためて腹定まったならば、この盃、一気に飲み干し、すぐさま懐中深くおしまいください！」

一九八九（平成元）年七月二十日、神戸市灘《なだ》区の山口組本家。その二階、八十畳敷きの大広間で媒酌人《ばいしゃくにん》、大野一家義信会会長・津村和磨がひときわ凛《りん》と声を張った。式場正面左側にどっかと座る渡辺芳則は上体を傾け、慎重に盃を両手で差し上げ、一気に飲み干した。

この瞬間、構成員二万二千人を数える日本最大の暴力団、山口組の頂点に渡辺芳則は立つことになった。身長一七二センチ、体重八四キロ、胸囲りは一一〇センチを超える。四十八歳。渡辺は筋骨質の上、四角張った顔、狭い額、黒々として太い眉《まゆ》――いかにも暴力団の組長にふさわしい外観である。

五代目組長になるべくしてなったということなのだろう。渡辺の人物、渡辺を五代目組長に押し上げた直系組長たちの思惑、――すべてが山口組の現在を語り、今後の動向を占う材料になるにちがいない。

知られるように山口組は、その知名度と構成員数の多さから日本の代表的な暴力団といっていい。警察庁は全国の暴力団員総数を八万一千三百人（一九九八年末）と発表しているが、山口組はその二五パーセントを占める。暴力団員四人に一人が山口組の系列組員である。

また知名度では、たとえば米人ジャーナリスト、ディヴィッド・カプラン他が一九八六年に刊行した『ヤクザ』の表紙が象徴的だろう。そこには筆太に「山口組」の文字が記され、あたかも日本の暴力団を一身に体現しているかのような印象を与える。その知名度はほとんど国際的といって過言ではない。

山口組を語ることは日本の暴力団を語ることに通じる。暴力団は何をどう考え、行動しているのか。およそ暴力団についての情報は警察と、暴力団自身の側からメディアを通じて発せられる。ともに一長一短があり、うのみにすることは危険である。以下、正確さだけを旨として、山口組の現在を探ることにしたい。

第一章　渡辺芳則という男

流れ者の「美学」

渡辺芳則は一九四一（昭和十六）年一月、栃木県下都賀《しもつが》郡壬生《みぶ》町の農家に生まれている。渡辺家は祖父の代まで近在一の土地持ちだったというが、農地解放などで傾き、渡辺が物ごころつく頃には豊かさの面影《おもかげ》もなかった。渡辺は六人きょうだいの次男として、小学生時分から農作業に従っている。家の庭で刈り入れた麦を干し、取り込むなどの作業である。

父親は短気で、気に入らないと渡辺に石でも斧《おの》でも投げつけるところがあった。幼い渡辺が「俺は父親のほんとの子とちがうのじゃないか」と何度も思ったほどである。中学生のときにはのこぎりを振りかざして渡辺を追いかけてきた。渡辺は必死で逃げながら、

「この親はあかんわ。こんな親やったら、俺殺されてまう。いっそ殺したろか」

と思ったと後年、思い出を語っている。

渡辺は算数が好きなほかは全般に学業成績が振るわなかった。親は進学を勧めたと

いうが、勉強が好きでなく、中学を卒業しただけである。十六歳まで地元でぶらぶらし、近くに建築屋がいれば、それを逆にアゴで使う立場になるとか、「大きいこと」だけを根拠もなく夢見ている少年だった。

その後、東京・浅草《あさくさ》の日本そば屋に住み込みで働き始めたが、ほどなくぐれ出し、飯島連合会系のテキヤの下で手伝うようになった。ヤクザとはいっても、格好がいいとはいえない下積みである。

一時、そのテキヤから実子分として来ないかと誘われるが、「この稼業は俺にはでけへん」と渡辺は思ったという（なお渡辺は関東の生まれだが、今の言葉は関西弁風に変わっている）。加えて東京では栃木の同級生にばったり会うことが多く、東京ではヤクザは出来ないと渡辺なりに考えている。

「銀行の裏口近くの喫茶店でぶらぶらしとったらやね、銀行員が声かけるわけや。『わぁ、渡辺君、久し振りやなぁ。ぼくだよ、ぼく』『誰や』いうたら『同級生や』。わー、これはあかん、思うてね。親はやっぱり堅気やから、東京で愚連隊まがいのことしてて、迷惑かけたらあかんと思ったしね……」

その頃、山健組の若い衆・三輪正太郎が東京で芸能人相手に野球賭博《とばく》を手がけていた。三輪は渡辺と知り合い、「なんやったら、うちの方に訪ねて来いや」と神戸に誘っていた。

渡辺は東京に四年ほどいたが、いったん郷里に帰り、すぐ京都に出た。二十歳ぐらいのときである。京都でもぶらぶら生活をつづけ、その後、先の誘いを思い出し、神戸に三輪正太郎を訪ねた。

三輪は渡辺を山本健一に引き合わせた。山本は前年の初め神戸市生田区《いくた》（現・中央区）多聞通《たもんどおり》一丁目に山健組を結成したばかりで、シノギといっても、あぶれた港湾労務者を相手にする路上での四五一博打がある程度だった。山本自身は田岡一雄の若い衆として売り出し中で、たまに田岡が営む神戸芸能社の仕事を手伝い、すでにプリンスぐらいは乗り回せる身分だった。

山本は渡辺に会うと、「ちょっとの間《ま》、辛抱してもらうで」と、舎弟の尻池実が始めていた豊中《とよなか》市蛍ヶ池《ほたるがいけ》の宅地造成の現場に五郎こと渡辺芳則を送り込んだ。池を埋め立てて宅地にするのだが、渡辺はその飯場に住み込み、土砂搬入のダンプカーの台数を数え、業者にごまかされないようにする仕事である。

渡辺がヤクザの道を進もうと決めたのは十八歳のときという。彼はそのとき、いつまでも愚連隊じみた真似をしていても始まらない。メザシがタイになる道理はない。タイになるには若いうちにタイの子供になるしかない。つまりヤクザの組織に入れば、あとは自分の努力次第で伸びられると考えた、と語っている。

ここに見られるのはほとんど就職する感覚で暴力団の途に入った渡辺の現実主義、功利主義である。渡辺には暴力団員にしかなれないという切迫感も、なるべくしてなったという必然性もない。少年院の世話にもなっていず、札つきのワルでもなかった。就職の途はほかにいくらでもあったにちがいない。現代のヤクザで少年院や鑑別所を経験していないものはきわめて稀《まれ》である。

渡辺が暴力団に進んだのはひとえに、そこでなら自分でも出世できると考えたからにほかならない。渡辺はすぐれて現代の子供といえよう。神戸では、

「周りは俺に対して、よそもの扱いという目をしようったね。そういうのもやっぱり俺の（暴力団社会で上に昇る）ステップになっとると思うわね。よし、そんならよそもんがどれだけのことをするか見とけ、と。俺が山健組に入ったときは、人の靴も並べたし、お茶もくんどる。そやけど、『こいつに必ず俺のお茶くましたる』いう腹は持っとったね。よそもん扱いがひとつの発奮《はっぷん》する材料になっとった思うわね」

渡辺は関東から関西に流れた「流れ者」である。実際、山本健一の夫人秀子でさえ、渡辺を流れ者と見ていた。そうした「差別」をはねのけて、今日の地位に上った渡辺に達成感がある。自己の栄達を望んだものが計画どおり栄達を実現した。だが、社会的評価はまた別である。

山健組入り

筆者は一九八七年から八九年にかけて、竹中正久と山本健一についての取材で、数回渡辺に会い、長時間のインタビューをしている。そのような折り、渡辺は五代目襲名を既定の路線としていたためか、もっぱら自分自身を語ることに熱心だった。ここに収める話はほとんどその時の取材がもとになっている。

さて渡辺のほか組員候補ふたりが蛍ヶ池の造成現場に派遣された。渡辺はこのときの経験をこう語っている。

「当時いうたら誰も小遣《こづか》いなんかくれへん。タバコ銭にも不自由してやね、現場の作業員が吸うてる『新生』、あんなんを『半分出せ』とかね、そんな状態やった。

現場には三人おるから、交代で大阪に出て、債権取り立てで小遣い稼ぎするぐらいなもんや。まあ親父《おやじ》（山本健一）が辛抱せいいうから、辛抱せなぁしょうがない、と。それで四ヵ月ほどたって、本部に帰って来いといわれたわな。このときは『あ、やっと帰してくれよったなぁ』という気持ちやった」

渡辺が山健組に入ったのは一九六三年ごろとは筆者の推定である。渡辺自身ははっきりとは記憶していない。ふつう、暴力団でも頭立つ者は捜索に備えてメモを残さないという習慣からか、記憶力に優れている。たとえば竹中正久は常時五百ぐらいの電話番号は苦もなく覚えていたし、数年前の何月何日が何曜日だったと言いあてて、周《まわ》りの者に舌を巻かせてもいる。山本健一も同様で、電話するとき電話番号簿を見る習慣を持たなかった。

この点、渡辺はきわめて異質である。

〈東京オリンピックを東京で見た記憶があるし……、あれは何年やった？　そうか昭和三十九年か、そうすると俺が東京で見たのは皇太子の結婚式だったのかなァ……。人形の箱があるやろ。裏に日付が入ってるはずや。俺が入って間もなく先代（山本健一）の誕生祝いかなんかで贈ってる。あれ見たらわかる〉

渡辺は神戸・花隈《はなくま》の山健組事務所を二代目組長として、山本健一から引き継いでいたから、山本健一の頃の人形もそのまま置いてある。若い者に十箱ほどの人形ケースを改めさせて、ついに目当てのケースが見つからなかったいきさつがある。

渡辺の山健組入りを、一九六三年頃と推定する根拠は、渡辺が山口組と本多会の代理戦争といわれた広島事件に加わっているからである。渡辺は山健組から、打越会への応援隊の中に加えられ、数ヵ月間、広島市の西のはずれ、庚午《こうご》の打越信夫の本宅に詰め、警護する生活に明け暮れていた。

また対立する山村組の本拠地、流川通《ながれがわどお》りのキャバレー「パレス」の入り口がダイナマイトで爆破されたときには、他の山健組組員とともに、近くのマッサージパーラーにいた。渡辺によれば、山村組の組員がそこに出入りすると聞きつけ、なんとか情報をとれないものかとスチームバスに入っていた、という。

なお後に述べるが、山健組の特性として、渡辺より古い組員はほとんど破門され、中には廃人同様になり、消息不明という事情がある。そのため古い組員から渡辺の入組時の様子を聞くことは不可能ではないまでも、きわめて困難である。

その年の暮れ、田岡一雄は神戸市灘区篠原本町に新築した「田岡御殿」に移転した。それまで住んでいた神戸地裁前の自宅兼山口組本部事務所は空家になり、そこに山本健一が入居した。つまり神戸地裁前の家は、山口組本部事務所兼山健組事務所兼山本健一宅になったわけである。

移転して間もなくだったため、田岡の夫人フミ子は近所に知り合いがなかったのだろう、よく旧宅に寄った。娘の由伎が転校せず、もと通り地域の小学校に通っていたため、その送り迎えもあったし、フミ子自身が旧宅近くの福原で三味線をならっている事情もあった。

渡辺芳則はこの頃、広島から帰還を許され、部屋住みの身である。朝も暗いうちから起き、通りを掃《は》き清め、水を打つ。家の前にはフタが失《な》くなった木製のゴミ箱が置かれていた。

フミ子にとっては、もとのわが家だから、なにかと気がつくし、気になる。

「なんや、このゴミ箱のフタ？」

「いや、もうおまへんのや」

渡辺は直系組長になるころまで五郎と呼ばれていた。フミ子に咎《とが》められ、ぬけぬけと「ない」と答えた。

「こんなん、板買うてきて自分で作ったら、ええやないの」

「そんな金、おまへんがな」

ふつうなら枝の下っ端組員がフミ子に声を掛けられるなど、たいへんなことである。恐縮して真っ先にフタ作りに取りかからなければならない。だが渡辺には、誰に対しても臆《おく》せずに物をいい、またそれが不思議に許されるところがあると、渡辺自身がいう。

「しゃあないなあ」

フミ子は財布から三万円ほどを引きずり出し、渡辺に渡した。「ちゃんと作っとくんやで。今度きたとき見るさかいな」

ゴミ箱のフタの材料代など千円もかかるまいから、残りはそっくり渡辺の小遣いになる。五郎の名前はこうしてまず田岡フミ子が覚え、フミ子の口から田岡一雄が記憶にとどめたという。

渡辺自身が披露《ひろう》に及んだこうしたエピソードは、渡辺が目上の者に、面白がられながら可愛がられたことを物語る。人徳といえばそれまでだが、「男」を強調する暴力団社会の中では、なおさらに珍しいケースである。

同様の話に、次のようなものもある。

当時、田岡家にはキャデラックが一台しかなかった。田岡が使えば、フミ子はタクシーを利用するしかない。渡辺はそういうフミ子を目にして、からかった。

「姐《ねえ》さん、なんでんねん、タクシーで来て。キャデラック売りましたんか。姐さんも落ち目でんなぁ」

「そやそや。もう売ってもうた」

フミ子も渡辺に対しては笑ってすませたという。

組長とその妻

山本健一は狂躁的な性格で、ひとつ所にいることを嫌った。東京や名古屋、広島、福岡など東奔西走《とうほんせいそう》して、ようやく充実感を覚えるタイプである。神戸にいるときでも帰宅は朝の四時、五時で六時半にはもう起きたがった。睡眠時間があまりにも短いが、その分、乗り物のなかで寝て埋め合わせた。

こういう生活のため、山健組事務所にいる時間が少なく、おつきの組員を除いては、いきおい組員教育が手抜きとなった。その上、味方身びいきが山本健一のもう一つの特性である。組員に対してはめったに叱《しか》らず、手を挙げることはなきに等しかった。

そのかわり山本の夫人・秀子が事務所内を差配した。一体に山本健一は、外で好き勝手なことをしつづける疚《やま》しさからか、極度の恐妻家だった。妻の秀子に対しては土下座までしかねないほど、頭が上がらなかった。

当時の山健組組員によれば、

「嫁はんのいうことに何も逆らえまへんが。ヤクザの筋のことやったらさすがに『こらっー、余計な口叩《たた》きおって』と、なんぼでもいいよったけど、家庭のことなら絶対に『うん、そやな、うんうん』と、ネコみたいなもんですわ。ネコと飼い主の関係やね。ほんまに、こんなに嫁はんに弱い親分見たことない。わしら腹立って、腹立って……」

という状態だった。

組員たちは山本健一よりむしろ秀子を恐れた。秀子は組幹部の妻たちを集め、亭主操縦法を教育した。そのため当時、山健組には最強の軍団、山秀組（組長・山本秀子）があると冗談が囁《ささや》かれた。組員たちは秀子の存在にぴりぴりした。事実、秀子のしつけはきびしく、箸《はし》の上げ下ろしから始まって、山本健一の女の居場所について、自白強要にまで及んだ。どうしても女の名を吐かないのなら、そこに立っていろと八時間も、事務所近くの空地に立たされた組員もいる。それればかりかコップの水をかけられた組員もいるし、山健組を破門になった組員もいる。

夫人の秀子にも言い分はある。彼女は大阪・箕面《みのお》の建設業者の娘で、わずか十九歳のとき、神戸・三宮《さんのみや》でスナックのママをしていた。小さな店とはいえ、荒らくれ男や生き馬の目を抜こうという男たちを相手に、一人で何もかも切り回さなければならない。それだけに才色兼備、加えるに男まさりの度胸と気の強さを併《あわ》せ持っていた。今でこそかなりふくよかな体型だが、それでも当時の色香は十分に残している。

しかし山本健一は秀子にやや先立って、三宮のナイトクラブ「青い城」のナンバー1《ワン》・ホステス、泉とも交際していた。泉は気配りも頭もいい女性で、人が息をのむ美人である。美人の程度では、秀子よりやや優っていた、という定評がある。山本健一は当時三十四歳だったが、泉と秀子との間で迷い、結局十五歳年下の秀子を選んだいきさつがあった。結婚後も泉への思いは断ちがたく、秀子に隠れて交際をつづけていた。

もちろん山健組の組員たちはこうした山本健一の行動を知っていた。中には、親分は秀子とでなく、泉と結婚すべきだった、とまともに考える組員もいた。彼らは山本家に入った秀子を、いわば小舅《こじゅうと》としていびった。

「たとえば私が『きょうはコンニャク炊《た》きました』というたとすると、それらがむくつけで『親父、コンニャク食べへんわい。ジャガイモが好きやのに』というわけ。わたしが主人のこと何もかも知ってたら、『そやけどな、ジャガイモばっかり食べさせるわけにいかへんやないか』て言い返せるけれど、知らないから、余計カチンと来るわけですよ。なんであんな者にこんなことといわれないかんの、と。

ひとが折角《せっかく》作ったのに『親父、カレーライス好きでないわい』といわれたとき、どんなにみじめになるか。自分が一番知らないかん夫のことを、人が知ってるいうのは耐えられへんですよ。

それに男の意地悪いうたら、女のより程度が悪い。ましてねじ曲がって育ってきたのが多いから、常識では考えられんような真似を平気でするわけ。

あたしは黙って十年耐えました。私が権力をためたとき、そういうのは全部放り出しましたわな（破門したの意）」

夫人秀子に対しては、さまざまの見方が可能だろう。だが、功罪相半《あいなか》ばするにしろ、秀子が山本健一の留守をよく守り、今日の山健組の半ばまで築いたことは否《いな》めるものではない。

秀子は頭の回転がよく、話の上手な女傑タイプである。山本健一が彼女に組内、家庭内のことをある程度、任せる気になったのも、十分理解できる。

渡辺芳則はこうした秀子が後ろ楯になってくれるある理由を持つことになる。

廻された破門状

山本健一は福岡事件（一九六二年二月）での凶器準備集合罪で一年六月の懲役刑を宣せられ、一九六五年十月から神戸刑務所で服役、すぐ北海道の旭川刑務所に移送された。

渡辺によればこの間、山健組舎弟頭・田中達男から破門されたという。

「その当時は（山健組では、若頭でなく）舎弟頭が組内ナンバー2《ツー》の状態だったわけだ。それでその舎弟頭の田中達男と（俺は）よう喧嘩《けんか》しよったからね。それで突然まあいうたら喧嘩だけではすまんようになってもうてね。それで（俺は）『ええようにせんかい』いうてね。それで俺も事務所に出ていかへんかったわけだ。

それで、なんかおもろないなあと思ってね、親父（山本健一）もおらんかったしね、そのとき服役しとったと思うね。おらんかった。それで旅など出てまおうと思ってやね、旅に出ている道中にね、破門になってね。

そうしたら（俺の顔）写真入りの破門状でね、破門の理由はいうたらね、なんやかやいうてやね、難しい、ありもしないことを理由につけてね、書いてきたりしよったからね、それで（神戸に帰って）ちょっとまた言い合いしてやね、そのうち親父が帰ってきたわけだ。

で、親父が帰ってきて……親父はあれは懲役に行っておったんかなあ、どないなっとったんかなあ。それで親父にやね、そのとき親父は病院に入っておったわけだね。それで病院に行ったら、『おまえ誰の若い衆や、俺の若い衆やろ。俺が破門してないのに、お前何をうろうろしとるんや』と怒られてね、『帰ってこい！』というてやね、それでそれからまたね。

で、帰ったらすぐ途端にやね、『俺にちょっと付いとけえ』いうて付いとる人間が病人やからね、一緒についておかなあかんわね。それで一年ぐらい付いとったわけだ。まだ三十にはなってないとき、二十五か三十の間ぐらいのことやね」

長々と引用したのは渡辺の口調を知ってもらうためである。案外にていねいな口のききよう、といえるかもしれない。だが、インタビュー中の筆者が感じつづけたのは、意図的なぼやかし以上の冗語《じょうご》の多さと、日時、場所、理由づけなど、すべての面にわたるあいまいさである（以下、渡辺発言の引用では適宜、省略し、補訂を加える）。暴力団社会にも、弁舌のたくみな者は何人もいるし、頭立つ者はそれぞれに話に説得力がある。渡辺はまた、

「K矯正《きょうせい》局長が大久保刑務所に面会に来て、『渡辺君、IQがものすごく高いよ』といいよったでね。俺は自分ではね、そんな頭ええとは思ってないけどね。そやけど、まるっきり馬鹿でもないやろなと思っとるけどね」

とも彼自身を語っている。

ヤクザにとって「破門された」過去は最も恥ずべきものである。渡辺を破門したのは舎弟頭だったとはいえ、渡辺が自らその事実を口にしたことの率直さは認めるべきだろう。渡辺の破門は山健組内では公然たる秘密だったが、外部には固く秘し匿《かく》され

ていた。いったん筆者にこの事実を伝えた後、「自分の名は伏せるよう」電話をかけてきた二代目山健組の組員もいた。

山本健一は旭川刑務所で服役中だったところ、警察庁―兵庫県警による第一次頂上作戦でたび重なる摘発を受け、身柄を兵庫県警本部に移された。一九六七年、姫路生コン恐喝事件を取り調べる拘置中に、福岡事件（凶器準備集合罪）の刑期は満了した。山本健一は肝臓病の加療のため、拘置を解かれ、須磨の野村病院に入院した。

渡辺が同病院で山本健一付きになったのは二十六歳のときである。

山本健一は肝硬変《かんこうへん》一歩手前で、椎間板《ついかんばん》ヘルニアの症状も出ていた。だが、病室を抜け出しては外歩きを重ねていた。ただ田岡フミ子からかかってくるかもしれない電話に備えて、渡辺をツインベッドの一方に寝かせ、外出を禁じた。フミ子から電話があれば、「あ、親父はちょっと、さっき寝たばかりやさかい、起きまへんで」と答えさせるわけである。

渡辺はすでに山健組の若頭補佐になっていたが、いわば遊びざかりである。ときに病院の看護婦とねんごろになり、気をまぎらわせたという。だが、いい若い者が何もせず、ぶらぶらするだけではおかしくなって当然である。夜、寝られず、睡眠薬を飲んで、いくぶんか体を悪くした。ちなみに渡辺は小学生時分、文部省推薦だかの「幻灯」を見せられて覚醒剤、麻薬の恐ろしさが頭にこびりつき、いまだかつて〝クスリ〟はやったことがないという。

「そやけど、周りにはクスリの末路みたいの、ようけおったけどね」（渡辺）

恵まれた金運

時々は栃木県壬生町の実家に帰った。金策のためである。

「親父、ちょっと一週間ほど暇おくんなはれ」

「どこへ行くんや。また親のところへ行くんか」

山本健一は渡辺が親のスネをかじりに行くことを承知していた。

渡辺の実家近くには、東京の下町から玩具工場が大量に進出して「おもちゃの町」という団地ができつつあった。地元では土地も売れ、工員相手の店やアパートもできた。農家は空前の景気に沸《わ》いていた。

「いやぁ、ちょっとこのところ親の顔見てないもんやから、来い、来い、とうるさくいうてくるんですわ」

渡辺によれば、渡辺の実家は一万坪ほど農地を買い増し、騙《だま》されて安くボウリング場の敷地として土地を売り、一九六〇年ごろ農家をやめ、その頃は二十軒以上の貸家を営んでいたという。だが、同時に渡辺がいうには、渡辺は実家から巨額を引き出しているらしい。

実家に帰ると父親が「なんだ、また金を取りにきたのか」「いや、いや、そうじゃない」。渡辺にとっても父親はやはり煙たい。二、三日して母親にこう切り出す。

「実は金がいるんや」

「やっぱり金か。お金なんかないよ」

「ほんまかいな。それやったらしゃあない。帰りに東京で強盗でもして帰るわ」

「お前、そんな恐ろしいこと。冗談にしろいうんじゃないよ」

これで渡辺は一千万円ほどもらい、東京・向島《むこうじま》で五百万円散財し、金時計やバックル、ブレスレットに三百万円使い、残り二百万円を手もとに置いたという。にわかには信じがたい話である。一九六七年ごろの一千万円といえば、今の一億円近くに相当する。家庭に置く額ではないし、普通預金口座に入れる金高でもない。

「遺産分けとも、一回だけともちがうわけよ。三百万もろたり、二百万円もろたり。計算したら二千万円やそこらとちがうわね、その当時でも」（渡辺）

渡辺はこの話で実家の裕福さを語りたかったのだろう。ヤクザにしろ、親のスネをいつまでもかじっているようではみっともないが、同時に両親の揃《そろ》った裕福な家の出身も珍しい。二代目山健組内では、渡辺の金遣いが合理的であるとの評を聞いている。

渡辺は野村病院に帰ったが、使い残した二百万円の置き場所がない。彼自身のベッドはあったが、病室が狭く、山本健一を見舞う客がよく椅子がわりに腰かけた。不用心と考え、渡辺は逆に山本のベッドの枕もとに金を押し込んだ。

ところがこれが山本に見つかり、

「おい、渡辺。おれの枕もとに銭がこないにあるわ。知らんか？　誰のやろな」

「いや、自分のですわ」

「お前、こんな金を持っとることあれへんやないか。……そうか、やっぱり実家へ帰って取ってきたんやな。お前、この金どないすんね。わしが預かっとったろか」

この頃、山本健一は苦しい盛りである。病院代が払えず、夫人と別れ話が出た上、手持ちの拳銃八丁を売ろうか、とまで思い詰めていた。だが、渡辺は預けず、同僚の村田正一に誘われ、春日野道《かすがのみち》（神戸市中央区）の通称〝南京虫〟という賭場ですっからかんにすったという。

しかし、渡辺は金運には恵まれていて、山健組に入って一年もした時点で、すでに五百万円から一千万円の稼ぎがあったともいう。その頃の渡辺の有力なスポンサーにパチンコの全遊連（全国遊技業協同組合連合会）会長がいた。

以下、渡辺の話を要約すると、渡辺は最初、会長の息子と知り合い、まもなく本人の知己を得た。会長は戦前、蒙古《もうこ》で警察隊長をやり、戦後はパチンコ屋と金融業を手がけていた。渡辺はこの会長から頼まれ、大阪のはずれの自転車屋に貸し金の取り立てに行った。

だが、訪ねると、売る自転車もないあばら家に、お婆さんが子供二人を抱えて住んでいた。借り主の倅《せがれ》は妻に逃げられ、子供を置いて蒸発したという。残された婆さんがしかたなく子供の面倒を見ている。渡辺は最初、倅の帰りを待ってみるつもりで離れに建つトイレを借りたが、床は傾き、汚れ放題に汚れていた。出されたお茶の湯呑みも縁が欠け、茶ダンスも壊れ、ゆがんでいた。

見るからに食うに精いっぱいで、手が回らないことがわかる。渡辺は金の取り立てに行って逆に気の毒になり、「お婆ちゃん、子供になにか買ってやりいや」と五千円を置いて帰ってきた。

会長に事情を説明すると、さすがに呆《あき》れ、「あんたは金貸しにはなれんね」と、二度と取り立てを依頼しなくなった――。

こういう。渡辺は自己を語るにふさわしい美談として披露に及んだと見られる。

会長の渡辺に対する気持ちはその後も変わらず、早い話、渡辺が「ピストルを買いたいんやが」といえば、「おお、なんぼいるんや」と気持ちよく金を出したという。

危機の山本健一

渡辺は若い時分、そうとう角張っていたというが、あまり暴行とか傷害、殺人未遂といった暴力団らしい話を聞かない。最初の服役は一九六四年ごろごく短期間、函館刑務所に入ったときのようだ。

渡辺の懲役観はこうである。

「『わたし懲役十五年行きましてねぇ』などという奴がおるわけだ。この野郎、馬鹿なこと言うとるなぁ、懲役みたいなもの、一生帰ってこん奴もおるわい、と俺は思うわけ。要するに長い懲役に行ったということで、人に圧力をかけてくるとおんなじだ。俺は逆に、そいつの性格を読んでまうわね。懲役は長い短いより、行く内容やね。われわれの社会では、やっぱり抗争事件でやね、体賭けて行ったものは功績として認めるからね。そやけど、自分で覚醒剤で行った十年なんていうのは認めへんわな」

合理的な考え方である。渡辺自身は短期刑が多く、通算しても懲役刑は数年程度にちがいない。

一九六九年、山健組が名古屋市熱田《あつた》区を本拠とする三吉一家元組長・松波鉦之助を相手取り、問題を起こしたことがある。当時の新聞を繰ると、「東名高速道工事で恐かつ　神戸　暴力団組長ら逮捕」との見出しで、大略こう記してある。

「兵庫県警は三十日朝、東名高速道路工事にからむ恐かつ事件で、神戸市生田区花隈町、山口組最高幹部の山健組組長、山本健一（四四）、大阪市港区弁天五丁目、大森組組長、金尚権（四二）の自宅や事務所など十一カ所を恐かつの疑いで捜索、金ら四人を逮捕、山本組長を同容疑で全国に指名手配した。この手入れは、兵庫県警が警察庁指定の広域暴力団山口組の壊滅作戦のひとつとして行なったもので、山本組長は山口組の田岡一雄組長の跡目として、同組四代目の候補にあげられている」（『朝日新聞』一九六九年十月三十日付夕刊）

新聞はつづけて、事件の概要を記している。

「調べによると、山本組長らは（昭和）四十二年四月二十五日ごろ、静岡市西脇、東洋建設会社社長K（四三）に頼まれ、山健、大森両組の組員二十数人を連れて名古屋市へ行き、国鉄名古屋駅前の旅館で、同市千種区の土建業Cさん（四三）と同市熱田区の暴力団「三吉一家」の松波鉦之助元首領（五三）の二人を十一時間にわたって軟禁し、Cさんに『おまえが経営しているH建設会社と東洋建設会社の間でかわした業務提携契約に違反したので違約金をよこせ』と六千万円をおどし取ろうとした疑い」

渡辺芳則の名はここに登場しないが、渡辺も同事件に参加したと語っている。

「わたしが組員をちょっと引きつれてケンカしたわけだ。結果、うたわれた（密告された）ような形で、この事件で懲役に行ってます。服役して出てから親父（山本健一）にいうたんです。『松波鉦之助にいっぺん会いに行きますわ。おかげで無事、出てきました、と』。そしたら親父が『あかん、行くなよ、実は……』ということで、親父から聞いたのは、松波鉦之助の跡目をとった人が入院中の親父を野村病院に訪ねてきて『過去のことは水に流してほしい』と、そこそこの礼を持ってきたというんです。親父は『渡辺がこの問題で懲役に行ってるんやから、金を受け取るわけにはいかん。そやけど男としてのつき合いはしよう。渡辺が帰ったら、その旨いうたる』と答えたといいます」

渡辺は出所時、服役中に貯めた作業賞与金を全額、山本健一夫妻に差し出している。このあたりに目上の者にとっての渡辺の可愛いげ、世渡りのうまさがあるのかもしれない。

一九六九年は山本健一にとって厄年《やくどし》といってよく、三月に銃刀法違反、七月に詐欺(起訴猶予)、十月にこの東名高速道工事恐喝、そして翌七〇年二月に凶器準備集合——という各容疑で逮捕の連打を浴びた。山健組の危機だが、そのなかで渡辺芳則が浮上していく。

まず一九六八年、山健組の若い者が有馬温泉の賭場で大儲けしたからといって、山本健一に少なくない額を包んできた。山本は手ぶらで帰すわけにいかないと思ったのだろう。当時、山健組の拳銃を管理していた松下靖男（のちに山口組直系組長）に「靖男、チャカやれや」と指示した。松下は拳銃二丁を出し、当時の山健組若頭・東徳七郎経由で、その若い者に渡した。

若い者はほどなくある賭場で、健一にもらった拳銃の柄で他組織の者を殴る事件を起こした。若い者は大阪府警に逮捕され、拳銃の入手先を追及された。自供しなかったが、その妻が夫可愛さからか、府警に情報を提供した。翌六九年、山本健一以下五人が逮捕され、さらに舎弟の尻池実や松下靖男ら四人が指名手配になった。これで山健組の幹部はあらかた検挙されたのである。

しかも大阪府警に対抗する兵庫県警が同様に山健組の拳銃に目をつけた。というのは一九六八年、山口組系永井組と大日本平和会系の対立にからむ傷害事件の発生で、山本健一は神戸・三宮のホテルに組員を集め、東徳七郎に届けさせた山健組の拳銃を「持ってけえ」と主だつ組員に持たせたのである。

一年半後、この事実をつかんだ兵庫県警は山健組による凶器準備集合事件として、山本健一以下首脳部の全員を逮捕しようとした。両府県警の追及にさらされた山健組は存亡の危機に立った。山本自身が逮捕の連打を浴び、一回は起訴猶予、もう一回は持病の肝硬変など三つの病名による拘置の執行停止でからくも入院生活に逃れたが、警察はさらにまた逮捕と出て、追及の手をゆるめそうになかった。

山本健一の未亡人・山本秀子が当時のことをこういう。

「事件で主人とうちの幹部が全部やられたんです。事実上の壊滅やった。残ったのが数名。このときに私は今もって反省するんですけどね。ただ夫を救いたいからという女の浅知恵ではなかったと思います。

その場に(舎弟の)田中達(男)ちゃんもおった。達ちゃん、あがっとるわけや。私がうで卵むいて渡したら、その卵よう食べんかった。あかん、こいつは、とわたし思うたわけ。(拳銃を警察に提出する役割を)誰も受ける者がおらんかったら、全部主人に(拳銃不法所持の罪は)かかるわけや。その頃、はっきりいうて、一丁がなんぼのもんや。懲役覚悟せんといかんときに、わたしが下っ端の渡辺をつかまえていうたというのも、他に頼るものがいないんですよ。

『どないや、渡辺、お父さん(山本健一)の代わり務まるか』いうたら、『わかりました。姐さん、それ以上は言わんといてください』

ニコッと笑うて、十二丁の拳銃を引き受けてくれたんです」

渡辺は大阪・東成署《ひがしなり》に拳銃を持って自首した。当時、山本健一は大阪府警に逮捕されていた。渡辺は行く前、45口径のオートマチックの撃鉄を一本だけ折り、ライターで割れ口を黒く染めて持って出た。拳銃の用をなさず、この一丁にかぎっては無罪である。

拳銃の種類は警察の把握したものとちがっていたが、渡辺は飽くまでも「全部オレのもんや。種類が合わへんいうたかて、これしかないと俺がいうんやから、それで間違いないやないか」と言い張った。取り調べの検事は、渡辺は単に上層部に頼まれた身代わりと察したが、渡辺はこう請け合った。

「検事さん、あんたにヘタ売らせるようなことはまずないわ。あんたに言うたことを法廷に出て引っくり返すようなこと、絶対にせえへん。心配せんでええんやから」

渡辺はJR神戸駅の山側、菊水町《きくすい》の神戸拘置所で服役した。別の事件を抱えていたため、兵庫県警の取り調べの都合からという。

服役中、渡辺は喧嘩か、「輪をつくって中心になる」という理由で所内で八度ほど居場所を移された。ここに同時期、竹中正久も入所していた。

ヤクザの生涯計画

渡辺は一九七〇年に出所してすぐ健竜会を結成し、現夫人の道子と結婚した。山健組に入ってまだ八年にすぎなかったが、渡辺には若い時分から人生計画があった。

「俺はだいたい三十前後で組を持とう、それまでは若い衆が何人おっても、組織は作らんようにしようと、計画してたわけだ。三十過ぎて組ができんようなら、ヤクザをやめようと思ってた。三十過ぎて、まだぶらぶらしてるようでは、もうあかん。見切りつけなあかん。それなら山健組に何年おってもいっしょや、と真剣に思うとったからね」

ヤクザの生涯計画――渡辺の話は予定調和的である。渡辺は計画通り二十九歳で山健組内に健竜会を結成した。健竜会の会則は「団結、報復、沈黙」のわずか三語より成る。警察に会則の意味を聞かれたとき、渡辺はこう答えるのを常としたという。

「団結いうのは人の和なんや。和は保たなあかん。報復いうのも物騒な意味とちがう。人に受けた恩は必ず返さなあかんいう意味です。沈黙は、人のことをぐずぐずいうな、口は慎《つつし》め、と。こういうごくごく常識的なスローガンなんですわ」

この簡単な会則は二代目山健組の会則ともなった。

渡辺は道子に結婚の三年ほど前、神戸駅前のダンスホールで知り合っている。当時、渡辺はダンスホールや喫茶店、パチンコ屋など、娯楽施設が一堂に集まったビル全体の用心棒（警備）を任されていた。そこへまだ高校生だった道子が遊びに来た。背が高く、鼻筋の通った美人である。渡辺から申し込み、道子と踊ったことがある。

このときはそれきりになったのだが、ほどなく偶然に出会ったことをきっかけに、急速にふたりは親しくなった。半ば一緒に住むようになったのだが、渡辺とすれば別段、結婚を約束した覚えはない。「出ていけ」「出ていくわよ」道子も気が強く荷物をまとめて家を出かかると、渡辺は未練から道子に別の因縁をつけ、出ていくのにストップをかけたりした。「出ていかんとええわ」とはいえなかったからである。

こういうことの繰り返しで三年がたった。その間、渡辺は道子に金を一銭も渡さなかった。

「それでも我慢しとったら、こいつと一緒になったろうと思うとった。で、かりに二年九ヵ月で仲がパーになったら、こいつはもう落ち目やな、と。こいつも損するな、と。俺に一生ついとったら、楽なのになァと。

だけど、こういうこと口ではいわんから。腹の中だけで思っとることやから。たとえば物を買うにしても、最初からぼんぼん買うような性格とちゃうか、人間性を見んとあかんからね。

あれ（道子）は（三年間という）道中、『金をくれ』『生活費をくれ』というたこともないし、結構（生活を）やっとったから、三年もたたんうちに、これやったらええわ、と判断したわけだ。

今やったら、あれが病気になったとして、俺にもなんぼかある財産、それを全部放ってでも助けてやるという腹はあるね。信用というか、俺はほんまに気持ち許したら、一〇〇パーセント許すからね。ただその信用するまでの期間がちょっと人より長いわね」（渡辺）

男女関係も合理主義でいく。ヤクザはバカをやるから、人に一目置かれるのだろうが、渡辺には何ごとにも抜けたところがない。現代ヤクザ、暴力団のサラリーマン化がいわれている。渡辺はそのハシリであり、最大の成功例かもしれない。

渡辺と結婚した道子は、同時に健竜会では「姐さん」になる。渡辺は道子に、若い衆を呼び捨てにすること、若い衆に対して頭から咬《か》みつくようにものをいうこと、若い衆を私用に使うこと、組織に口出しすること——を厳しく禁じた。

「要するにヤクザの嫁はんはこうあるべきや、というのを真似とるだけや。組織に口を出すと、どうしても女の感覚というか、女の浅知恵とよういうようにね、ええことより、悪いことの方が多いからね。俺は先代の姐さん（山本秀子）でよう経験しとるからね。直接（俺に秀子からの）被害はなかったけど、身近に見てきとるから、女に口出ししたらいかんな、と」（渡辺）

だが、山本夫人の秀子は渡辺の身代わり服役を高く買っていた。

「お父さん（山本健一）を助けたのはこの子なんだから、わたしの権力の座を乱用してでも、この子を絶対に男にしてやると思うたわけ。

だけど私はね、主人には命令できないの。そやけど、上手に、主人の弱いところは知ってるでしょう。男って、はっきりいうて寝物語に弱いですよ。芸者秀駒の腹の上に乗ったら、政治が変わるいうくらい、女って強いものです。私があの子（渡辺）を若頭に据《す》えるよう持っていった」（山本秀子）

だが、その前に渡辺は二度目の破門処分を受けている。先に記した拳銃不法所持事件で、山健組の舎弟頭や舎弟など幹部クラスはほとんど山本健一から破門された。

このとき渡辺によれば、山本健一は渡辺に向かい、

「上層部が破門になるのに、お前だけ破門せんわけにはいかん。お前も、ちょっとまあ辛抱して、一ヵ月でええから破門になっとけ――いうてね。俺は『親分、そやけど一ヵ月でも破門いうたら破門でっせ』抗議したんやけど、『俺かて立場もあるしの』でやっぱり破門ですわ。

ところが一ヵ月たたんうちに復縁したわけだ。なんでいうたら、昔、柳川組の顧問弁護士をやってたH先生がよく（山口組）本家に出入りしとって三代目の姐さん（田岡フミ子）にいうたらしい。『渡辺さんは破門になる理由は全然おまへんのやで』とか。

それで姐さんは状況を把握して、親父（山本健一）が本家に行ったとき、いうたらしいんですわ。『健ちゃん、なんで五郎（渡辺）を破門せなあかんのや。わたしH先生に聞いたら、破門どころか賞《ほ》めたらなァあかん状況があるらしいやないか。恰好《かっこう》つけるだけの破門やったら、やめとき』

それで親父から破門中の俺に連絡が入って、『渡辺、実は姐さんに怒られたんや。

えらい目におうた』いうてね、二十日ぐらいでこの破門は解けたわけや」という経緯だったとされる。

山健組若頭・健竜会会長

山本健一は当時、山口組の若頭補佐だったが、一九七一年七月、前任者の梶原清晴が硫黄島《いおうじま》で溺死《できし》したあとをついで若頭に上った。ほぼ同時に山健組では、夫人・秀子の寝物語がものをいってか、渡辺芳則が何人目かの若頭の座についた。このとき山本健一は、山健組内のことは全面的に渡辺芳則に任す、「喧嘩とかなんとか全部お前に任すからな」といったと伝えられるが、緊急事の場合などには、必ずしもそうはいかなかったようである。

いい例が田岡一雄が京都のクラブ「ベラミ」で大日本正義団幹部・鳴海清に首筋を射抜かれたことで勃発《ぼっぱつ》する第二次大阪戦争だろう。山口組はほかならぬ田岡が狙《ねら》われ、傷を負わされたというので、大日本正義団の上部団体、松田組（組長・樫忠義）を相手どり、無差別的な攻撃を加えた。

この一連の抗争中、山健組が比較的目立った働きをしたのは事実である。だが、それは当時の山健組若頭・渡辺芳則の指揮のよろしきを得て、という説は誤りである。だいいち渡辺自身が「大阪戦争のことを聞かれても、俺は関係ない。全然わからへん」と筆者に答えている。なにも謙遜《けんそん》や韜晦《とうかい》、あるいは時効の不完了といった事情があるわけでなく、一部健竜会の事件を除いて渡辺の関知していないことは事実その通りだったろう。

大阪戦争は山口組若頭・山本健一が殺人教唆《きょうさ》の危機をおかし、自らの収監、死期を早めてなお指揮、差配したものである。山健組の動きにおいても同様で、山健組組長・山本健一として直接、それぞれの組員に攻撃を指示した。このことは抗争後の法廷で一部明らかにされている。同組若頭・渡辺芳則は単に健竜会会長・渡辺芳則として山本健一の意向を受け、健竜会の行動に責任を負った。

なぜなら山健組はよくも悪くも山本健一の個性が貫徹した組であり、渡辺に至る歴代の若頭といえど、単にすげかえ可能な若衆の代表という位置にとどまり、なんらの指導性も発揮できなかった。山健組は山本健一の好みで小人数だったこともあり、組員一人ひとりが直接、山本健一に結ばれていた。つまり山健組は近代的な組織性に欠け、若頭は権威を持たず（持てず）、本来が山本健一一代かぎりの組織という宿命を背負っていた。

若頭・渡辺芳則もこうした山健組の性格の埒外《らちがい》にいられるわけがなく、ましてもとをただせば「関東の流れ者」である。抗争に際して全組を指導できる権限も、組内世論にも恵まれていなかったといえる。

事実、当時の山健組では、健竜会・渡辺芳則、盛力会・平川一茂（通称は盛力健児）、健心会・杉秀夫の三団体、三人が「山健組三羽ガラス」とされ、たがいに対抗心と競争心を持ち合い、どこが松田組系に対して一番槍をつけるか競《きそ》い合っていた。渡辺が若頭として指導できる余地はなかったのである。

換言すれば渡辺は健竜会による攻撃にのみ、責任と〝功績〟を持った。第二次大阪戦争に際して、健竜会がとった主たる行動といえば、一九七八年九月二日、和歌山市の松田組系西口組組長・西口善夫宅の門前に椅子を持ち出して警護に当たっていた若い組員二人を急襲し、射殺したことが挙げられる程度だろう。

もちろん暴力団の世界でも、敵側の末端組員を殺すことは、〝功績〟にちがいないにしろ、低く位置づけられる。幹部を攻撃する努力を払わず、末端の若い組員を殺して足れりとするなら、いくら暴力団でも、後味も寝ざめも悪くて当然である。

だが、渡辺が率いた健竜会の、大阪戦争に払った努力はほとんどこれですべてである。三羽ガラスの一つ盛力会は、松田組系村田組若頭補佐で樫忠義のボディガード朝見義男を殺し、会長・平川一茂が懲役十六年を科せられるなど、計七人が服役した。また同じく健心会は松田組系村田組若頭・木村誠治を狙撃《そげき》し（全治一ヵ月、殺人未遂）、六人が逮捕され、総指揮に当たった舎弟・木戸孝行が裁判の場で「山本健一から指示を受けた」と証言しなければならなかったほどに、組ぐるみの激しい苦悩をくぐり抜けねばならなかった。

ひき比べ渡辺の健竜会は末端組員二人を殺し、理事長補佐以下五人が長期刑に服したものの、福岡に逃亡した実行犯に、逃亡生活の費用は用意されていなかったという。渡辺は事件の摘発に、いつわが身に捜査の手が伸びるか怯《おび》えることはなく、きわめて効率的に事に処したというべきだろう。健竜会会長の地位の安泰は、その後の会員の生活の安泰にもつながり、万事めでたしが健竜会の姿だった。

要するに抗争をわが事とせず、というのが渡辺の基本である。こういう渡辺を「現代的」とは評せても、「武闘派」などとするのは誤りである。

二代目山健組

渡辺が健竜会会長としていそしんだのは、会員を増やすことである。
「俺なんか組織を大きくしようという考えを持っとるわね。うちの先代（山本健一）いうのは組織を増やそうとせんかった。俺が一つの大きな組織をダボッと（山健組に）入れようとするわね。すると親父（山本健一）は『もうそんなことせんでええから。そのうちするから』『いつしまんねゝ』『そうやなぁ、そのうちにするがな』いうて、いつまでも放ったらかしや。だから、俺が誰か若い衆連れてきたら『もうそんなんするんだったら、お前んとこ（健竜会）増やせ』いうて。俺もどっちみち、こっち（健竜会）増やした方がいいから、増やしたんやけどね」（渡辺）
数は力なりというのが渡辺の顕著な論理である。その理由はこうである。
「俺は先代にもいうたことあるんだけど、たとえば抗争一つにしろ、先代の考えは、抗争に率先して行く奴がおったら、それでええ、と。俺の考えはちょっとちがいまんね。組員が十人おったとして、そのうちの一人懲役に行かすとして、毎月組員一人から一万円ずつ集めたとしても九万円にしかならへん、と。これが百人の組員がおったら、一人一万円が一人千円集めればよくなる。経済的にも楽できる。組織力も温存できる、と。

懲役いかす奴は一人やったら一人でええわけだ。その後を守り、金銭的に懲役に行った組員を応援してやるんでも、組員数の少ない方が経済的に先に倒れるやろ。そやから、やっぱり組織は大きなもの持たんとあかんわけや。喧嘩やるのに金はようけ必要ないんだけど、そいつが（服役して）出てくるまで組織は確固たるものにしとかんとあかんわけやからね」（渡辺）

ほとんど経済の論理である。こういう風潮の中で「懲役に行く一人」が稀少化し、払底《ふってい》していくのは当然にちがいない。組織の肥大化に、内部の空洞化が伴うのはどこの世界でも同じである。

山本健一は出所を半年後に控えた一九八二年二月四日、大阪生野区の今里胃腸病院で静脈瘤《じょうみゃくりゅう》が破裂し、息を引きとった。大阪医療刑務所が山本の寿命を読み切り、大阪高等検察庁が刑の執行停止を決めて、わずか九日後のことである。山本健一は山口組四代目組長の座を約束されながら、不運にも死んだ。

その四十九日がすんでから、山健組の組員たちは全員、大阪・箕面の故山本健一宅二階の大広間に集められた。山本の未亡人秀子はこのとき正面に、渡辺芳則と並んで座り、二代目山健組組長に渡辺芳則をつける上で、決定的な発言をした。秀子は宅見勝（のちに、山口組若頭。一九九七年八月射殺され死亡）と相談して次代組長を渡辺と決めていた。

「わたしは誰に二代目を譲るいう点では、いわゆる政治家の物の言い方したんです。席上、こういうた。

『今となれば、主人の遺言になりましたが、主人が生前〝渡辺にこの組をつぶされても本望や。渡辺にしかやるもんはおらんな〟というたことが、今となっては遺言になりました』

と」（山本秀子）

その上で、あらかじめ秀子が根回しをすませていた当時の山健組事務局長に立ち上がらせ、

「（渡辺組とか健竜会とかいうのではなく）山健組という名前を頭（渡辺芳則）が使うんやったら、私はついていきます。皆にもそうしてもらいたい。頭についていってもら

いたい」

と発言させた。

これで二代目山健組は一人の脱落者や反逆者もなく、無事、渡辺芳則に引きつがれた。もっとも彼のライバルとなる「山健組三羽ガラス」のうち盛力会会長・平川一茂などは懲役十六年で服役中であり、たとえ渡辺の二代目に異を唱えたくても唱えることは不可能だった。

渡辺自身、二代目をついだとき、こう思うところがあったと述懐している。

「二代目を取るとき、見とけよ、と。おそらくここにいる山健組の者の中で、俺を嫌っている奴もおるやろ、と。そやけど見とけよ。そいつらが『やっぱり二代目を渡辺にやってもらってよかったな』としんから思える組織にしたるぞ、ええ結果を出したるぞ、とそう思いましたわ」

つまるところは二代目山健組の組員数の膨張であり、渡辺自身の五代目の襲名、それに伴う山健組の同僚たちの山口組直系組長への取り立てである。渡辺がこれを立派に果たしたことは認めねばならない。二代目山健組出身者は五代目山口組下に、約百人の直系組長のうち一割を占める大勢力である。

　渡辺芳則の二代目山健組組長襲名と、山口組直系組長への昇格はその年（一九八二年）五月、山口組幹部会で承認された。二年後、竹中正久が山口組四代目組長を襲名するに及び、その若頭補佐六人のうち一人に渡辺は名を列《つら》ねた。おそらく本来が四代目になるべき山本健一を偲《しの》び、謝恩する意味から、二代目山健組をついだ渡辺芳則を幹部の列に加えたと見られる。

第二章　抗争の中の人間ドラマ

五代目への道

一九八五（昭和六十）年一月二十六日、竹中正久は愛人を訪ねようと、新大阪駅近くの「GSハイム第二江坂」に行き、待ち受けていた一和会系二代目山広組行動隊長・長野修一ら四人のヒットマンの手で若頭・中山勝正、ボディガード役の直系組長・南力ともども襲撃され、翌二十七日午後十一時二十五分、銃撃による汎発性腹膜炎と心機能不全で絶命した。

山口組四代目組長の座についてわずか二百二日後、五十一歳の若さで世を去ったのである。前年六月、竹中正久の組長就任に反対の山本広らは一和会を結成し、以来、両組織間には小ぜり合いが絶えなかったが、この「1・26事件」を機に、山口組vs.一和会抗争が激化する。

多くの組員たちの悲喜劇と一和会問題解決への紆余曲折《うよきょくせつ》を経ながら、ようやく八九年三月、山本広は自らの引退と一和会の解散を決めた。ひとまず一和会問題は決着したわけだが、同時にこの四年間余は誰が五代目組長につくか、水面下の綱引きの時期でもあった。

ここでは抗争の推移をたどる中で、渡辺芳則と二代目山健組の〝功績〟を明らかにし、対比する関係から竹中武と竹中組の動きに焦点を当てる。竹中武は竹中正久の末弟で、正久が四代目組長に就任した後、竹中組副組長（岡山）から竹中組組長の座をついで、（本人の意志に反して）山口組直系組長に直った人物である。

一月二十八日の夜、竹中正久の遺体は神戸市灘区の旧田岡邸に運ばれ、仮通夜が営まれた。田岡フミ子はこのとき竹中武に、

「よう考えて冷静に行動せなあきまへんで」

と言葉をかけている。

三十一日には竹中家としての密葬が営まれ、約二千人が参列した。正久は義照院釈顕正大居士と名をかえ、生地の姫路市深志野《ふかしの》、金剛山徳正寺の墓に葬《ほうむ》られた。

二月一日、旧田岡邸で初七日と骨揚《こつあ》げを兼ねた法要が営まれた。竹中武は客を迎えるため、早めに詰め、正午ごろ、法要が終わって姫路の竹中組事務所に戻ろうとした。ところが旧田岡邸から兵庫県警のパトロールカーが追尾してきた。岡山県警からキ

ップ（逮捕状）が出ているらしいと聞いていた。だが、竹中武には逮捕される覚えがない。六甲《ろっこう》を越えて中国自動車道に入った。パトカーは相変わらず、等間隔を保ってあとを追ってくる。

姫路の竹中組事務所に帰るには、福崎《ふくさき》のインターチェンジで高速を降りるのが便利である。降りると、兵庫県警の機動隊が待ち構えていた。岡山県警の刑事もいて、これから野球賭博の開帳図利で逮捕する、動くな、という。だが、逮捕状は、竹中武がそのまま岡山の竹中組に戻るとばかり思い込んだ岡山県警が山崎《やまさき》インターチェンジで張り込み、そちらが持っているという。

「バカタレがっ！　状がなくて逮捕もないやろがいっ！　通さんかいっ！」

竹中武は怒鳴ったが、周囲を固められ、動きようがなかった。竹中武が必ず報復に動くと読んだ警察はまず武を除こうと、野球賭博をでっち上げてきたのである（のちに一審で竹中武は無罪）。

竹中武はこうして二月一日に逮捕されたが、二十二日間ほども泊められていれば戻れるだろうと軽く考えていた。

だが、実際には一年五ヵ月もの長期拘留となり、あげく検察側は竹中武の無罪判決を招く。明らかに警察・検察側の醜態《しゅうたい》である。竹中正久の内妻・中山きよみに対しても同じ頃同様のことがあった。

中山きよみは竹中正久に二十数年間つれそっていた。正久が一九八二年九月、脱税事件で逮捕されたとき、同時に指名手配され、きよみは以来二年半ほど姿を隠した。一月二十六日竹中正久らの射殺事件をニュースで知り、弁護士を通じて、せめて二十七日の通夜には出たいと申し入れた。

神戸地検の回答は、出たら、即逮捕するというものである。正久は死に、事件は実質的に当事者の死で終わっていた。中山きよみは逮捕されても構わない、出たい、と竹中武に伝えた。武はその旨、山口組の執行部に相談した。

執行部の判断は、

「四代目が殺され、その上に通夜の席で姐さん（中山きよみ）まで逮捕されたら、四代目に合わす顔がない。これ以上、ヘタを売るわけにいかない。姐さんには申し訳ないが、ここは出席を勘弁してくれないか」

というものだった。中山きよみは結局、執行部の判断に従って、通夜への出席を見合わせた。

だが、あとで中山きよみは神戸地検から呼び出しを受け、出頭すると、逮捕されることなく、そのまま家に帰されている。きよみは暴力団の首領の内妻ではあっても、暴力団ではない。通夜にも竹中家葬にも「逮捕する」と脅して出席させなかった検察側は、状況判断が出来ないことを露呈した。

二月五日、山口組は直系組長会で、四代目組長代行に中西一男、若頭に渡辺芳則を決めた。組長代行には一時、舎弟頭補佐・益田佳於の名もあがったが、おそらくは益田、渡辺とも旧安原会系（山口組内の有力系統）のため、益田がはずされたものと見られる。

実はこの時点ですでに渡辺の五代目擁立運動はスタートしていた。若頭補佐・宅見勝が渡辺に「次は兄弟なんだから」といい、渡辺もその気になって、二人の盟友関係が成立したというのだ。宅見は渡辺の先代、山本健一に近かったのも事実である。

竹中正久の場合、田岡一雄にかわる田岡フミ子の強力なバックアップで四代目が実現した。だが、田岡フミ子はなお存命中だったとはいえ、代が竹中にかわってまた指導力を発揮するには遠慮がある。竹中家は内妻・中山きよみが前記した状態の上、竹中正久の治世があまりに短かったこと、死の背景に愛人の存在があったこと、などが理由となって、中山きよみが指導性を発揮すべくもなかった。こうして五代目は山口組の歴史のなかではじめて直系組長間の多数派工作で決まることになる。

このときの直系組長会の席で本部長・岸本才三は、

「本年の事始めに不言実行、信賞必罰と決めています。この点に十分留意してください」

と挨拶《あいさつ》した。一和会に対する報復の実績を人事の際に最も重視する、五代目人事も同様という意味と受け取った直系組長は多かったはずである。

だが、渡辺芳則とその派は渡辺の五代目襲名を半ば既定路線と受け取っていた。その根拠はおそらく竹中正久が組長代行・山本広の下の若頭で、四代目に上った前例しかなかったであろう。しかし竹中正久の若頭就任が、田岡一雄の意を継いだフミ子の強力な支援という権力を背景にしていたのに比べ、渡辺芳則の若頭就任は竹中正久の意向が働きようもない幹部間の推薦による。渡辺は直系組長に直ってわずか三年たらず、若頭補佐に昇格してたかだか半年。個人的な力倆《りきりょう》を問われる暇《いとま》なく、主にその先代が非命に倒れた山本健一だったという一事で五代目組長につく資格あり、と考えたと評せよう。

筆者はこの年十月、山口組の某古参直系組長にインタビューし、記事にしたことがある。当時、渡辺芳則の逮捕説がしきりに流れていたが（ほぼ十ヵ月後の八六年八月に逮捕された）、その直系組長は渡辺逮捕と山口組全体の士気の関係について、

「あらへんよ、そんなもの。なにも山口組の全部が全部、二代目山健組に頼ってるわけでないで。それにパクられたからって、何年もつとめる（服役する）わけでなし」

――しかし、かりにも五代目有力候補が逮捕されるとあっては……。

直系組長「五代目なんてとんでもない話や。そんなん誰がつぐのや。三年先のこと。五年、六年かかるかもしれん。

渡辺さんいうのは四代目（竹中正久）が決めた長男（若頭）でないで。そりゃ若頭いう肩書からいうたら、五代目に一歩近いかもしれん。しかしわれわれヤクザは力の世界や。ええ仕事をせなならん。そやから、今度の戦争をうまい具合に解決すれば、ことによったら五代目になれるんじゃないですか、いうだけの話や。今五代目が決まったら、山口組はかえって空中分解しますわ」

と述べた。この古参直系組長の唱える説は正論というべきだったが、これに対して山健組サイドから面白くないという声が聞こえてきた。渡辺芳則を軽んじているとい

うのだが、その言い分自体に、五代目組長を目指す渡辺の論理が秘められていたと見るべきだろう。五代目に就くのに「いい仕事」も何もない、俺が就くという論理である。

だが山口組直系組長全体の間に、自分の意見を持つものが少なかったのも事実である。彼らの多くは「勝ち馬に乗る」に最大の関心を払っていた。

死のシーソーゲーム

一和会への反撃の本格的な第一弾は高知市で放たれた。二月二十三日、高知市営競輪場で山口組系豪友会の組員が一和会系中井組組員三人を取りかこみ、二人を射殺、一人に重傷を与えた。

豪友会は高知市にあって、殺された若頭・中山勝正が率いた組織である。中山はもと中井組組長・中井啓一の若頭だったが、田岡一雄の時代に山口組本家若衆に取り立てられ、親分の中井啓一と肩を並べた。勢力的には分裂時、中井組九十人を四倍以上上回る四百人を数えていた。

中井啓一は一和会の発足で最高顧問に迎えられた。中山勝正は四代目山口組の若頭である。悲劇的に、もとの親分―子分がたもとを分《わか》ったあげく、中山勝正が惨殺された。もと同根とはいえ、豪友会が手近の中井組を仇《かたき》と見るのは必然である。以後、両者は山口組vs.一和会抗争の中でも、とりわけ激しい血のシーソーゲームを繰り広げることになる。

三月六日には宅見組内勝心連合の組員が、三重県四日市《よっかいち》の喫茶店で一和会系水谷一家の元相談役・清水幹一を射殺した。同月十七日には豪友会内の組員一人が、先の競輪場殺傷事件の再報復で一和会系中井組内の幹部に撃たれ、五日後に死亡した。

一和会は緒戦に竹中正久―中山勝正―南力と生命を奪い、圧倒的な勝利を収めた。いわば真珠湾の大戦果である。トップとナンバー2の生命を奪《と》ることで、山口組が組織的に動揺し、瓦解すれば、たしかに一和会は勝利を収めることになったろう。だが暴力団は将棋とはちがう。王将をとった方が勝ちとはいえなかった。

一和会側には目論見《もくろみ》の狂いがあった。かえって竹中正久襲撃で山口組側に大義名分を与え、激しい反発と攻撃を招いた。自らの側も、1・26事件は「やりすぎ」という意識が働いたものか、組織的には待機の状態になった。当然、手かずが多いのは山口組の方だった。

三月二十五日、山口組系章友会の組員が滋賀県栗東町《りっとう》で一和会系井志組内高橋組相談役を襲い、出刃包丁で突き殺した。

四月四日には豪友会内岸本組の幹部が中井組本部に荷物を届けたいと宅配便を呼び出し、それに同行、配達員にブザーを押させ、組員がドアを開けた瞬間に銃撃した。これで中井組組員は頭を射抜かれて即死、他の一人も重傷を負った。

高知ではこうして報復の名のもとに、中井組三人、豪友会一人の死者が早くも横たわった。死者なし、重傷者のみといった抗争を含めれば七件を数え、どちらかが壊滅しなければやまずといったデスマッチの様相さえ帯びてきていた。

当時の高知県警本部長・斎藤正治はこう語った。

「県下に暴力団は五百四十名で、すでに百八十一名を逮捕しています。約三分の一を検挙して社会から隔離したわけですけど、最盛時には県の警察官の定員千四百三十名中、八百名を動員、三月期までに県から五千万円を追加予算でいただかねばなりませんでした」

山口組vs.一和会抗争の社会的費用は高くつきはじめていた。

三月二十四日には選抜高校野球開幕二日前の甲子園球場の駐車場で、竹中組系の組員が一和会特別相談役・大川覚の長男（露天商）を車の窓ガラス越しに撃ち、重傷を負わせた。

「子供に今回の抗争事件の影響を及ぼすというのはヤクザの鉄則にはずれてるわな。たとえ子供がテキヤをやっていたとしても、神農さん（テキヤ）と我々は稼業がちがうんやから」

当時、一和会幹事長・佐々木道雄はこう事件を批判したが、ヤクザの抗争は無差別攻撃に傾きやすい。同じ日の午前中には一和会系徳山組内徳心会（大阪）の組員が事務所前で待ち伏せにあい、足を二発撃たれて、三週間の傷を負った。

山口組が竹中正久ら三人の生命を奪られた以上、それに匹敵するダメージを一和会側に払わせるのがヤクザの論理である。衆目の見るところ、一和会会長・山本広の殺害が基本となった。これに副会長兼理事長の加茂田重政、幹事長・佐々木道雄、あるいは常任顧問・白神英雄らの殺害を加える論もあった。彼らを殺してはじめて、抗争終結に向け地均《じなら》しができるとする理屈である。

同じ予測は一和会も、兵庫県警、大阪府警も立て、それぞれに警備陣を敷いた。一和会の幹部たちは自宅にたてこもり、多数組員による昼夜ぶっ通しの警護を強めた。警察は幹部宅前や、周辺の狙撃に便利なマンションにさえ防衛ラインを敷いた。一和会の幹部がたまに外出する際には、車にガードの組員を乗り込ませたばかりか、ガードの車を数台併進させた。赤信号で停まるときには前後の車から組員がバラバラと飛びおり、幹部の車を人垣で囲んだりもした。

山本広は四月十四日の一和会定例会に顔を見せるまで約八十日間、所在を隠した。九州や広島、北海道や韓国、あるいは兵庫県下など、さまざまな居場所についての憶測が飛びかったが、今もって真相は不明である。

一和会の幹部によれば、山本広宅は竹中正久への襲撃後に家宅捜索され、そのときナギナタを押収された。山本広はこれで逮捕されると思い、身を隠したが、ナギナタの一件は単に始末書ですんだ。しかし山本広は家に帰りそびれ、以降、所在不明となったという。

もっとも一和会の主だつ幹部には一日置き程度には電話を入れていた。筆者の体験では、一和会の某幹部を取材中、その幹部専用の電話が鳴った。控える組員が電話をとり、「会長からです」と受話器をその幹部に差し出した。

幹部はまずい顔をして受けとり、受話器に耳を傾けた。しばらくはふむ、ふむとうなずくだけだったが、やがて「何も心配することはあらへん。そやから……」といい、当時、かなり動揺しているという噂が出ていた一和会系の某直系組の電話番号を告げた。

「かけてやってな、安心するさかい……」

と、その幹部はいった。

山本広は山口組を一撃のもとに追い込んだはずだが、心理的には逆に追い詰められていた。

山本広は電話番号から居所を割り出されるのを恐れたのか、一和会でもごくひと握りの幹部にしか番号を教えなかった。あとは山本の方から一方的に電話を入れて最低限の連絡をとるばかりだった。

詫び状の謎

竹中正久の殺害で現場指揮をとったのは二代目山広組内同心会会長・長野修一であ

る。長野は一九八四年七月、神戸市内の喫茶店で二代目山広組若頭・後藤栄治から「このままでは一和会はつぶされる。竹中を殺《や》れ」と指示されたという。

では後藤栄治は誰に指示されたのか。後藤に指示できる人物といえば、同組組長・東健二か、山本広本人ぐらいしかいない。おそらく山本広は、大阪・兵庫両府県警との間で、長野修一らヒットマンの逮捕、取り調べにまつわり、山本広本人に罪が及ぶか及ばないか、ぎりぎりの見合いをしていたにちがいない。それが四月十四日まで山本広居所不明の理由だった可能性は高い。長野らの自供で山本にまで罪が及ぶようなら、さらに潜伏、逃亡をつづける。及ばないと読み切れたときには浮上という段取りだったろう。

これに関連して、いまだに謎を秘めるのは後藤栄治の行動である。竹中襲撃を指示した容疑で指名手配された後藤は事件後、山本広に連絡がとれなかった。ばかりか彼が率いる後藤組の若頭・吉田清澄を二月十九日、山口組系弘道会（会長・司忍）内菱心会の組員に拉致《らち》され、後藤の居場所を吐けと吊《つる》しあげられた。

後藤は全国指名手配から逃れる身である。しかも相談しようにも山本広や東健二には連絡がつかず、一和会総本部に電話を入れてても相手にしてもらえなかったという。

後藤は二月二十三日、配下を通じて後藤組の解散届を三重県・津署に提出、併せて速達で山口組本部に詫び状を郵送した。

〈思慮浅い我々の行動によって、山口組さんに大きな迷惑をかけました。世間にも不安を与えた。この度の重大事を深く反省し、後藤組全員一同、カタギになって正業につくことを誓う。今回の事件では一和会の一員として動いたが、山口組との対立が深まり、自分たちが狙われ、組員も拉致された。一和会に対して応援、指導を求めたが、何の返事もない。追い詰められている我々は見捨てられてしまった。私自身カタギになり、組を解散する。人質を返してくれ、自首する〉

おおよそ、このような内容だった。弘道会内菱心会は翌二十四日夕、吉田を解放したが、「自首する」はずの後藤栄治は、その後現在に至るまで指名手配をつづけられたまま、いっさいの消息をたっている。

後藤栄治らがしでかした竹中正久ら襲撃事件は、法的には重大犯罪で、後藤は逮捕されれば無期か二十年程度の懲役は免れがたい。だが彼ら暴力団の世界での評価は別で、「金鵄《きんし》勲章《くんしょう》もの」のいい仕事と評される。種々の事情を考え合わせれば、後藤の山口組への詫び状は、山本広の意を受けた謀略だったろう。

だが、後藤栄治の山口組への詫び状と、その後の逃走が別の意図を秘めていたにせよ、逆に一和会に関しては追い詰められた印象を与えた。連絡、調整の機能さえ持たず、功労者の面倒さえ見きれないなら、もはや組織とはいえない。

事実、リーダー格の加茂田重政は加茂田組とその傘下を直接攻撃されないかぎり一和会のために兵は動かさない、と山口組の某幹部に話を通し、将来的に抗争が落ち着いた段階では一和会を離れ、独立系組織でやっていきたい意向を持つなどの観測が流れた。佐々木道雄も同様で、本心は山・一抗争に巻き込まれず、佐々木組は温存する思いが強いと囁《ささや》かれていた。

結局は山本広に心服した上での一和会の結成ではなかったから、竹中正久に対する襲撃の結果が山口組からの攻勢と出た以上、一和会と自らを切り離して考えたくなるのは当然だった。一和会に結束力は薄く、山本広に指導性がないことが徐々に明らかになっていった。

加茂田、佐々木、白神英雄などが三月半ば以降、一時期、はなばなしくテレビや週刊誌のインタビューに応えたのは、流されすぎた不結束の噂を否定し、一和会は一丸という印象を一和会系組員に浸透させる狙いがあったとされる。だが、このインタビューでの登場、発言が逆に山口組側の反発を強め、とりわけ加茂田組が攻撃を受ける結果を招いた。

山本広が四月十四日、一和会の定例会に約八十日ぶりに顔を見せる間に、一和会は死傷事件だけを数えても、山口組から十一回の攻撃を受けた。反撃したのは高知の一回に過ぎない。山口組側の押せ押せムードで抗争は終始していた。

加えて四月五日には、山口組直系組長会で、新たに札幌の初代誠友会総長・石間春夫が舎弟として山口組の戦列に加わると発表された。北海道での山口組系二次組織は皆無だったし、抗争最中の加盟でもある。山口組にとって意気上がる出来事にちがいなかった。

同月十八日には組長代行・中西一男と若頭補佐・岸本才三、同桂木正夫が直系組長ら五人を引きつれ北海道に入り、当時、覚醒剤取締法違反などで札幌拘置所病院棟で未決勾留中の石間春夫を見舞った。おそらくは山口組入りの細部を詰めたのだろう。

この石間は五年後の一九九〇年一月、共政会（広島）系の組員の手によりあえなく射殺された。

一和会定例会の直前四月十二日には山口組系弘道会内薗田組幹部ら三人が一和会系

水谷一家（四日市）内隈田組幹部・中本昭七と島上豊を名古屋市内のレストランにおびき出して、そのまま拉致、警察に電話を入れ、「水谷一家が一時間以内に解散届を出せば二人を返す」と要求した。当然、水谷一家は解散せず、弘道会内薗田組幹部らは手錠と縄で縛ったまま中本を射殺、島上に重傷を与え、車に入れて車ごと病院前に放置する事件があった。

続く山口組の反撃

一和会定例会の当日、四月十四日にも山口組の攻撃はつづいた。定例会終了後、一和会の副幹事長・吉田義信が乗用車で帰途につき、国鉄・三ノ宮駅の交差点で赤信号になり停車したところ、待ち伏せていた山口組系後藤組幹部・佐野明義が38口径の拳銃で車めがけ四発を乱射した。吉田にケガはなかったが、同乗の組員二人がガラス片で負傷した。

四月二十一日の夜には大阪西淀川区の一和会系加茂田組内西林組の事務所に、二代目山健組内極心連合会幹部ら二人が「ごめんやっしゃ」と事務所の引き戸を開けて入り込み、事務所内で拳銃五発を乱射した。事務所に詰めていた西林組組員らはテーブルを咄嗟《とっさ》に倒すなどして身を守ったが、うち一発が同組若頭・園田卓磨に当たり、全治三週間の傷を負わせた。男たちはエンジンをかけっぱなしの車で逃走した。

なか一日置いた二十三日午前一時半ごろには、和歌山市内のクラブ「シンザン」で一和会系松美会内光山組組長・光山勝治が一緒に酒を飲んでいた山口組系二代目山健組内二代目健竜会傘下梁取総業の少年組員Aに、ウィスキーのボトルで頭を数回殴られた上、ピストルで頭や背中などを撃たれ、即死した。

Aは一時間後、和歌山駅構内で逮捕されたが、かねてから光山勝治とは顔見知りで、誘い出し、殺したものらしい。

同じ二十三日の午後六時すぎには、神戸市中央区、二代目山健組事務所近くの駐車場でたむろしていた山健組系の組員七、八人に向け、加茂田組混成部隊の車が走りざま窓ごしに銃を乱射、傘下の組員三人が被弾し、一発が通行中の団体役員（58歳）の右足の甲を貫通、一ヵ月の重傷を与えた。ついに市民を巻き込むまでの混戦である。

このとき右大腿部に被弾した山健組内高橋組組員・川崎竜夫は出血多量で四日後に死亡している。加茂田組は、故田岡一雄の月命日の法要に出席して、事務所に戻り、これから自宅に帰ろうかという渡辺芳則を狙ったが、わずかにチャンスをはずしたものらしい。使用拳銃は38口径、45口径といずれも大型で、必殺を期していた。

車のナンバーからすぐ襲撃車が加茂田組組員のものと判明したが、二代目山健組の報復は拙速《せっそく》気味で、加茂田組なら誰でもという感があった。翌二十八日、午後四時すぎ、神戸市長田《ながた》区三番町、加茂田重政宅前のタバコ店で公衆電話をかけていた加茂田組内河上組組員・鄭海鎮が、近づいて来た二代目山健組内鷲坂組幹部にいきなり右腹部を撃たれた。重傷である。襲った幹部は鄭の悲鳴に飛び出してきた警察や加茂田組組員を振り切り、逃走した。

五月に入って山口組では故竹中正久の百ヵ日法要を営んだが、その翌五日、さらに双方の血が流れることになった。加賀《かが》市と神戸の加納《かのう》町でである。

石川県加賀市の山代《やましろ》温泉を縄張りとする一和会系加茂田組内宮原組傘下奥原組の事務所が山口組系紺谷組の幹部ら二人に襲われたのは、五月五日、子供の日のことである。

二人は宅配便の配達を装って事務所に押し入り、その場に居合わせた同組若頭・佐々木俊彦の心臓を撃ち抜いて即死させ、同組幹部・萩原貴之の左胸をも撃って重傷を負わせた。

これに返報するように神戸では同じ日、中央区加納町の山口組系岸本組事務所横の路地暗がりで拳銃が火を噴《ふ》いた。いうまでもなく岸本組は山口組本部長（のちに、総本部長）岸本才三が率いる組である。

岸本組内南野組組員・西村賢次が車を降りようとしたとき、待ち伏せていた二人組の男が西村めがけ拳銃四、五発を発射して、停めていたカローラに乗って逃走した。西村は胸や顔を撃たれて即死である。

深まる混戦状態

ここまでの戦績をいえば、四代目・竹中正久が襲撃された（1・26事件）後、山口組は死者八のダメージを一和会側に与えた。対して一和会は竹中らの三人を除いて、新たに三人の死者を山口組から奪っている。このほか死には至らなかったものの、相手側に重軽傷を与え、ダンプカーで突っ込み、火炎《かえん》ビンを投げ込み、カチ込むなどの鬩《せめ》ぎ合いが全国で展開されていた。だが、山口組は山口組の直系組長に当たる一和会幹部の生命を奪うことにはまだひとつとして成功していず、一和会の犠牲者はほとんど末端の若手組員に限られていた。

法的には誰を殺しても殺人は殺人である。しかしヤクザ・暴力団の世界では敵側上位の幹部クラスを殺してこそ、功績らしい功績に値する。そのため相手が末端組員とはいえ、チャンスがあり次第しかける無差別的な攻撃は、むしろ結果的には、相手側に足どめをかけて活動力を鈍らせる経済戦の効果を表した。幹部クラスが自宅に閉じこもれば、いきおい資金は末端に頼らざるを得ない。ところが末端組員でさえ攻撃の恐怖におびえ、組活動から脱落すれば、組全体の経済力が弱まるという構図である。

この経済戦に有利だったのが山口組であることはいうまでもない。構成員の多さ、1・26事件の報復をしなければならないという攻めの立場が手数を多くし、その分、一和会側を萎縮させたのである。

五月二十九日には、神戸市東灘区御影山手《みかげやまて》の山本広宅に、山口組系後藤組と美尾組の組員三人が大型ダンプカーで突入を図った。山本宅前には兵庫県警の機動隊員が張り付け警備に当たり、突入を阻止しようと発砲したが、ダンプカーの組員は応射して車止めを押し倒し、電柱にぶつかってようやく止まった。機動隊員に撃たれて後藤組幹部が一人左肩に重傷を負った。

単にハデ目の攻撃とも見えるが、警官がいようと敵の本丸に突っ込むという戦意の激しさを示して、このダンプ突入は、三年後の山本広宅前警官銃撃事件の先駆けをなすものだったかもしれない。

山口組vs.一和会抗争は六月二十三日、香川県に飛び火した。

二代目山広組幹部・岩附秀雄が高松市内のパチンコホールでパチンコをしていたところ、後ろから男がしのび寄り、岩附の後頭部に拳銃を押しつけるようにして一発を発射した。岩附はその場で昏倒《こんとう》し、これで騒がしい場内もさすがに総立ちになった。一発だけ撃った男はなにくわぬ顔で逃走し、岩附は病院に運ばれたが、即死同然に息を引きとった。

のちに事件は山口組系一心会の犯行と割れ、同会幹部・美村道彦と同会内南声会組員が逮捕された。一和会会長・山本広直々の幹部を殺害した点で、山口組内では「地味だが、いい仕事」と評されている事件である。

神戸市では八月二十四日から九月四日までユニバーシアード神戸大会が開かれた。世界百十二ヵ国、五千人からの選手が参加し、海外からの関係者や見物客も数多く来日することが見込まれた。そのため元神戸市長の弁護士、中井一夫が奔走し、山口組、一和会双方とも七月末から九月末にかけて〝ユニバーシアード休戦〟を受け入れることになった。

この間、神戸、大阪では火炎ビンの投げ込みや山口組新本家の放火（玄関ロビーのみ被害）、少数の銃弾撃ち込みなど、散発的に事件はつづいたが、死亡事件は影をひそめた。七月中に激しい小ぜり合いを繰り返したのは豪友会vs.中井組の高知ぐらいのものである。

たとえば二十一日には高知市中水道《なかすいどう》のアパート「平和荘」に住む山口組系豪友会内岸本組幹部・足立栄祝がベッドで就寝中、二人組の男が入り口ドアのガラスを破った上、手を差し入れて解錠し、布団をかぶった足立めがけ、布団もめくらずに銃弾数発を乱射した。これで足立は右手と右脇腹を撃たれたが、一命はかろうじて取りとめている。

目ぼしい事件といえばこの程度で、〝ユニバ休戦〟により山・一抗争は中だるみ状態を迎えた。相手側に与えた死者というダメージでこそ、六（竹中、中山、南含む）対九で、山口組が一和会をしのいでいたが、死者の内容がまるでちがっていた。まだ一和会の幹部には、一人の死者も出していず、竹中正久の報復はまだまだ果たされていないと見るべきだった。

山口組ハワイ事件

最も強くこう感じていたのは竹中正久の実弟で、竹中組相談役の竹中正だったろう。竹中組の跡をついだ末弟の竹中武は、覚えのない野球賭博でこの年二月一日以来、拘置されっぱなしである。

竹中正はかねてマイケル・ジャクソンの日本公演に関心を持っていた。マイケル・ジャクソンは当時、米ヒットチャートのトップを独走する「メガスター」であり、この二年後ようやく来日公演が実現する。だが、それまでM・ジャクソンの来日を多くの人間が手がけながら、いずれも実現できずにいた。竹中正も来日を熱望する一人だったわけである。

こうした竹中正の意向は、米DEA（連邦麻薬取締局）の秘密エージェントでハワイ在住のプロレスラー、ヒロ佐々木の知るところとなった——。

竹中正とヒロ佐々木は竹中正久が殺される二週間前、一月十三日に神戸で会った。ヒロはハワイのマフィア、ジョン・リー一家に籍を置いていると自己紹介し、マイケル・ジャクソンの日本公演を簡単に請け合った。

竹中正は喜び、話を朝日放送出入りのメイク会社の社長Sらに伝えた。このSはいわば零細企業の社長だが、やはりM・ジャクソンの日本公演に執着している一人だった。そのためSはこの年二月から三月にかけ足しげくハワイに通い、謝礼前金としてヒロに千二百五十万円を支払い、次に保証金一億二千五百万円を要求された時点で、降りざるをえなくなった。

竹中正側はこの時点で大阪の不動産業者Yを立てた。ヒロ佐々木は五月に姫路に竹中正を訪ね、保証金の一部五千万円を要求した。二日後、Yは大阪で五千万円をヒロに支払っている。竹中正の側はヒロ佐々木にすっかり金を騙しとられていたのだが、彼らはまだそのことに気づかなかった。一般的にヤクザ、暴力団は「まさか自分らを騙す人間はいまい」という思い上がりのせいか、案外騙されやすいのだという。

竹中正にしろ、話の進行中に兄の正久を殺され、マイケル・ジャクソンどころではなかったはずだが、SやYを通して多額の金をつぎ込んでいる。おいそれと途中でやめるわけにもいかなかったのだろう。五月十二日、ハワイに飛んで、M・ジャクソンの公演料は四億円などとするニセの基本契約書をニセとは知らずに結んだ。

ヒロはDEA（連邦麻薬取締局）のエージェントとしてオトリ捜査を許される立場である。彼はそれを拡大解釈して、いよいよ太平洋をまたぐ大犯罪のでっちあげにかかった。

十五日、竹中正をワイキキのアラモアナ・ホテルに誘い、「いいものを見せるから」と一室に連れ込んだ。そこには米陸軍から借り出した拳銃、機関銃などがズラリと並べられ、竹中正が手にとり、ためつすがめつしている様子が隠しビデオに収録された。まずヒロ佐々木は〝山口組武器密輸事件〟の工作に着手したわけである。M・ジャクソン公演で手いっぱいの竹中正にしろ、武器はヨダレが出るほど欲しかっただろう。ヒロ佐々木の狙いどころはまずまずだった。

この後、竹中正はヒロ佐々木らに案内され、ハワイからロサンゼルスに飛んだ。

「本人はマイケル・ジャクソンの話がほんとうかどうか調べに行ったいうとるけど、体よく騙されただけや。二十日に帰国した竹中は〝マフィアいうのはえらい力ありよるな。機内に道具（拳銃）持たしたボディガード三人もつけよるのや。フリーパスや

で。日本のヤクザは比べものにならんわ〃て頭から信用してもうたのや」（竹中正から話を聞かされていた山口組の直系組長）

日本の山口組といっても、国際的には、欧米のマフィアには比べようもない田舎者である。竹中正はコロッと騙され、ヒロらDEAにより丸々と太らされようとしていた。

五月二十四日に今度はヒロ佐々木が来日、五月末までに保証金として、百六十万ドル（当時のレートで四億円）をハワイに送るよう要求した。ところがLC（信用状）が組めず、竹中正側の送金が遅れた。そのため七月に罰金としてヒロ佐々木に三十万ドル、五月の分と合わせ五十万ドル（六千万円）を詐取されている。

だが、M・ジャクソンの日本公演話はいっこうにらちがあかない。竹中正の方は今まで支払った金を取り返そうとし、ヒロ佐々木らDEA側の方は、山口組幹部を一網打尽にして、大手柄をでっちあげようと画策した。

それで八月末、「ジョン・リー一家結成二十五周年記念パーティ」の招待状を山口組の主だつ幹部宛に送ったのだが、これは大阪空港に局どめになって幹部らの手には渡らなかった。

唯一引っかかったのが前記の竹中正と、山口組の古参直系組長・織田譲二（本名は伊藤豊彦）である。

九月四日、ハワイ発として日本の各紙は米側情報をもとに、おおよそ次のように伝えることになった。

「山口組、ハワイで武器調達、ロケット砲・機関銃、オトリ捜査で三人逮捕」

などの大見出しのもとに、

〈竹中正（48歳）、山口組系織田組組長・伊藤豊彦（57歳）、香港の元飲食店主・梶田聖（49歳）はロケット砲など密輸未遂、麻薬不正取引き、殺人教唆の疑いで逮捕された。三人はロケット砲三基、マシンガン五丁、拳銃百丁を調達しようとした。竹中らは殺された山口組組長の報復として、一和会会長・山本広らを殺害するため、ハワイで米国の犯罪グループ（実はＤＥＡのオトリ捜査官が扮するマフィア「ジョン・リー一家」）と接触、「ロケット砲を操作できる男を探してくれ」と頼み、報酬として五万ドルの支払いを申し出た〉

こうして竹中三兄弟のうち最後の竹中正もハワイで囚《とら》われの身となった。正と織田譲二が晴れて完全無罪を獲得、帰国できるのは翌年四月になってからのことである。

女装のヒットマン

〝ユニバーシアード休戦〟がすんでも、いったん緊張が解けた山口組vs.一和会抗争に再び気合いは入らなかった。せいぜいカチ込ミと称するガラス割りでお茶をにごす程度である。たしかに一和会の幹部は家に引《ひ》き籠《こも》り、周辺は警官隊で二十四時間固められていた。やる意志があっても、やりにくいことは事実だった。

だが、竹中組では正久を殺され、跡をついだ組長・竹中武は野球賭博の容疑で拘置され、相談役・正はハワイで捕われた。こうした危機感がバネとなったものか、山口組vs.一和会抗争の勃発以来、はじめて一和会幹部の首級をあげることになる。

竹中組の鳥取県倉吉《くらよし》市の組織に輝道会がある。津山《つやま》事件の際、竹中組若頭だった杉本明政（のちに、宅見組組長代行）が率いる杉本組の倉吉支部でもあり、この輝道会に、山本尊章（三十六歳）、清山礼吉（二十七歳）の二組員がいた。

山本尊章は、竹中正久が殺された一月には輝道会を離れていた。だが、寝耳に水の1・26事件の発生で、居ても立ってもいられなくなった。山本にとって竹中正久は遠い雲の上の人だったが、無念の思いを残して死んだはずの正久のために、なにか自分でも出来るはずと輝道会に戻ったのだった。三十六歳の戻り新参である。一緒に組むことになった清山礼吉は九つ年下だが「主役はオレ」と譲らない。山本はこの清山に従うことになった。

清山は清山なりに考えていた。

「わしら倉吉の田舎にいて、神戸や大阪の地理はわからへん。地元の一和会でマシなものいうたら赤坂進ぐらいなもんやろう」

赤坂進は一和会の幹事長補佐である。同会幹事長・佐々木道雄の舎弟だったが、一和会発足後、山本広から直に盃をもらって直系組長になり、常任理事から幹事長補佐へと昇格していた。新進ながら押しも押されもしない一和会の幹部である。この赤坂進は輝道会と同様、倉吉を根城にしている。清山はだから、と赤坂進を狙い目に考えていた。

赤坂進のタマをとるとして、なんでとるか。やはり拳銃だろう。

清山は当時、さりげなく輝道会会長・杉本輝幸にピストルの入手法を聞いている。

しかし杉本はすげなく、

「お前、今までピストルを使ったことがないんやろ。使ったものでさえ、いざというときは目標をはずすんや。まして使ったことのないもんが持ったってしようがない。なんに使うんか知らんけど、ピストルなんかやめとき」

といって、清山は相手にもされなかった。小柄で、雰囲気が全体的に子供っぽいから、ガラでもないことを、と頭から決めてかかられたのである。これが二月のことだ。

清山が女装を思いついたのは偶然のできごとがきっかけだった。

倉吉の駅前に近いスナック「C」でいたずら半分ルージュをさしてみた。ママが「似合う、あんた、色が白いからいいわ」笑いながら、それでもしっかり太鼓判を押してくれた。清山自身、変な気持ちになって半信半疑、鏡をのぞいてみると、意外なことに、まずまずの女が写っていた。

清山にこのとき、そうだ、女装して赤坂進に近づいたらいい、という突拍子もない考えが浮かんだ。

清山は組員といっても最末端だから金がなく、欲しくても女の服が買えない。それでソープランドに勤める知り合いの女性から服や装身具を借り、せっせと化粧と女装にいそしみ始めた。イヤリングからネックレス、マニキュアと進み、いつか青いアイシャドウをさし、カツラを使うまでに女装は本格化していった。

清山はさきのスナック「C」に赤坂進がたまに顔を出すと聞いて日参した。とはいえ、金がないから、金払いのいい客である道理はない。そのかわり客にはオカマとして面白がられた。ママにとっては無給のホステスで、重宝なところもあったにちがいない。

ママがいうには、一和会の赤坂進は来るたび、女を紹介しろ、としつこいという。清山礼吉は「そういうことなら、あたしがよーけ女の子知ってる」とますます赤坂を待つようになった。

女装を始めて半年以上たった九月、ようやくスナック「C」で赤坂の席につけるようになった。赤坂はいつも子分づれだが、子分たちはやや離れて陣どって、水割りをなめている。警戒心を怠《おこた》らず、強そうでもある。

「あの人強そうやね。ピストル持っとんのやろか」

清山は平然と赤坂に聞いている。当時は、いつかホテルにでも入った折り、包丁で赤坂を刺し殺そうと考えていたから、相手のピストルは鬼門である。それとなく赤坂自身が持っているかも確かめたつもりだった。

十月二十六日の夜、清山は赤坂進に電話を入れた。女の子が来るから来ないか、という誘いである。赤坂は三十分ぐらいしたら行くと返事をした。これで清山は即、輝道会の戻り新参、山本尊章に電話を入れた。「用意してきてくれへんか」いよいよ決行の日である。

山本は素知らぬ顔で「C」に入った。カウンターで一人コークハイを飲む。

清山礼吉はほどなく赤坂を迎えた。組員二人のお伴つきだが、席を離し、清山一人で馬鹿話をして、三時間も座を持たせた。「おかしいわね、ユーコ。絶対来るといったんだけど。旦那が来ちゃったのかなァ」女性はいつまで待っても来なかった。最初から呼んでいないから、来るはずもなかった。

午前一時すぎ、赤坂は帰ると言い出し、運転する組員が先に店を出て、車を取りにいった。赤坂は席を立ち、組員・田中義昭を先導にドアに向かった。

このときカウンターから山本尊章がつと離れ、赤坂進に近寄りざま25口径の拳銃を発射した。弾丸は赤坂の頭に二発、体に三発、都合五発が連射された。口径が小さいため必殺を期したのである。赤坂の体がくずおれて一呼吸、間があった。山本はさらに先導の組員・田中義昭にも一発を撃ち、田中を倒した。

　このとき突然の発射音に驚き、運転役の組員が駆け戻って山本に組みついてきた。山本は倒れ、手のピストルは弾丸を撃ち尽くして撃鉄がカチカチ鳴るばかりとなった。それでも二人はピストルの取り合いである。

　このままでは山本がやられる——清山はバッグから包丁を取り出すと、無我夢中で上になっている組員の手や胸を突いた。ようやく体が離れ、組員は力なく床に転がった。

　赤坂進はすでに虫の息である。間違いなく死ぬだろう。田中も、もう一人の組員も倒れた。見届けて、やおら逃げようとすると、ママが、

「いま警察を呼ぶから、あんたたち待ってよ」

　と声をあげた。

　言われてみれば逃げてもしようがない。二人はパトロールカーの来るのを待った。山本と清山はこうして初の一和会幹部・赤坂進と、組員・田中義昭を殺したのである。

　公判になっても、山本尊章は反省の色を示さなかった。山菱の代紋の入った服や、

戦闘服姿で出廷しようとして廷吏《ていり》との間に悶着《もんちゃく》を起こしたりした。裁判官はそういう山本に無期懲役を宣告した。

女装の清山礼吉には十五年の懲役刑の判決である。清山は山本は脇役、俺が主役と公判廷でも主張したが、赤坂らの殺害行為が山本で、清山は赤坂組組員を傷つけただけという事実は動きようもない。山本は控訴したが、判決は一審と同様、無期懲役で変わらなかった。

二人は服役して、二人以外の誰にも事件は波及しなかった。あくまでも二人の発意と実行による赤坂殺害で終始したのである。事件からほぼ二ヵ月たった頃、二代目赤坂組はダンプカーと乗用車で竹中組内杉本組輝道会事務所に乗りつけ、拳銃を事務所二階に向け発射し、一階にダンプカーを突っ込むなどしたが、大勢は赤坂進の殺害で決まったも同然となった。

輝道会会長・杉本輝幸の夫人は、山本尊章が無期懲役で服役する際、最後の面会に行ったが、当然のことながら、どのように慰めの言葉をかけ、別れの言葉を告げたらいいのか、わからず、困惑した。だが、山本の方からこう口を切り、夫人は救われた気になったという。

「わしのような枝のものに、親分（竹中武）が毛筆の手紙をくれました。わしの一生の宝ですわ」

事件時、竹中武は拘置中だったが、その後、翌八六年六月になって一年五ヵ月ぶりに保釈出所した。まっさきに竹中武はこの事件にかかり、山本に宛て、せめてもの手紙を送ったものと見られる。

赤坂進の殺害は竹中正久襲撃で始まった一九八五年の、事実上、掉尾《ちょうび》を飾る事件だったが、その後も血なまぐさい事件は吹き荒れた。

十二月二十日、神戸市中央区北長狭《きたながさ》通《どお》りの一和会本部前で、一和会本部長・松本勝美を送り出して本部に戻る同会系中川連合会愛国青年同盟幹部・戸田昇と、同会系松美会の組員・今井浩平が、近くの組員風の男から拳銃を乱射された。戸田は左胸と左腹に二発の銃弾を受け、死亡。今井も両腕に三発を撃たれる重傷を負った。撃った組員風の男は近くに停めていた岡山ナンバーの乗用車で逃走した。

さらに二十五日には、一和会組織委員長の北山悟が神戸・三ノ宮駅前の「センタープラザ」東館を歩いていて撃たれた。撃ったのは三人組の一人で、彼らは中央区熊内《くもち》町の北山宅近くから北山を尾行していたものらしい。三発を北山に向け発射し、うち一発が北山の腰に当たって全治二週間のケガを負わせた。

大胆不敵な犯行の真相

一九八六年と年が改まっても、山口組の一和会攻撃はつづいた。

姫路の奥に加西《かさい》市がある。市川の上流、中国山地のひなびた市域である。小野敏文(事件当時五十五歳)はその加西市北条を根城にする古い博徒だった。一和会理事長・加茂田重政が率いる加茂田組の若頭をつとめたこともあったが、近年は加茂田組の舎弟頭を経て、舎弟に納まっていた。

小野は自ら小野会を率い、その会長だったが、活動は右下半身マヒもあって目立たず、組員はいないも同然だった。

竹中組若頭・大西康雄(のちに、山口組直系後藤組副組長)は若い時分、この小野の紹介で竹中組に入っている。

「四代目(竹中正久)と小野は早くに神戸刑務所で知り合っている。小野は出所したあと、なかばみやげ物みたいにして、わしを四代目に紹介したわけですわ。わしが十

八のときやった」（大西康雄）

大西も加西市の生まれで、十代の時分、北条町でぶらぶらしていたから、小野のことはよく知っていた。小野は加茂田組から破門になったこともあり、竹中正久に面倒をみてもらった一時期がある。その後、小野は加茂田組に復縁したわけである。

二年前の山口組と一和会の分裂騒ぎ、その後の1・26事件の発生で、こういう小野の立場は苦しくなっていた。なにしろ加茂田組に籍を置きながら、竹中組にも義理があり、親しい。

大西も小野には、そもそもの紹介者という引っかかりがある。そのため配下の組員には、

「あんなウロウロしとる小野みたいなもんはほっとけや」

と、決して狙わぬよう釘を刺していた。

しかし竹中組の他の組にとっては、別である。小野敏文は一和会の主戦力を呼号する加茂田組のれっきとした幹部と映る。当然、攻撃対象となった。

前年五月、竹中組内の組員が小野を加西市内のパチンコ店で襲っている。ピストルを撃ち、小野の背中に当たることは当たったのだが、ろくでもない改造拳銃である。

小野は背中に弾丸が当たった瞬間、「あっちち」と仰天して、それで終わりだった。殺傷能力がまるでなく、かすり傷程度ですんだのである。そのため事件は〝あっちちのピストル〟として、知る者の間で笑い話になった。

だが、撃たれた小野としては笑い話ですむ話ではない。竹中組に狙われる立場ということを身をもって知ったわけである。以降、好きなパチンコにも出かけず、外出といえば、自宅から歩いて二、三分の、妻が経営する喫茶店に出かけるくらいですましていた。

ところで竹中組内大西組に前田哲也（三十一歳）がいた。前田も北条の人間で、小野のことはよく知っている。小野とは遠い縁つづきにもあたっていた。もう一人大西組組員の山本孝道（二十八歳）も前田の仲間で、小野と交わりがあった。

二人は小野を加茂田組から脱退させようとした。もし脱退すれば、当然竹中組の攻撃の的にはならない。小野も無事だし、大西組もメンツが立つという理屈だった。

ところが前記したように小野は身辺に注意を払い、容易に二人を近づけない。二人は手っ取り早く暴力的に小野家に押し入り、力ずくで小野に加茂田組脱退届を書かせようと思いついた。

一月二十一日の午前二時ごろ、前田哲也と山本孝道の二人は筆記用具を持って小野敏文の家に出かけた。何がなんでも加茂田組の脱退届を書かせるつもりだから、ピストルも持参の上である。

小野の家は木造二階建てで、玄関はアルミサッシのドアである。二人はドアのガラスに直径一〇センチほどの穴を開け、そこから手を差し入れて錠をはずして侵入、二階で寝ている小野夫婦を襲った。最初のもくろみでは殺すつもりがないから、素顔をさらしたままである。

山本が小野夫人に短刀状のものを突きつけ、ウムをいわせず、一階の応接間に連れていった。二階の前田は「ほんとうに弾丸が入ってるんだぞ」と拳銃を小野に突きつけ、「加茂田組から脱退せんかい。脱退届を書くなら何もせん。書かんなら命はもらう」と脅しにかかった。

だが、小野敏文にとって、二人は子供みたいな後輩である。

「なにをっ!　アホなマネしくさると、逆にいてこますぞ」

小野はタカをくくって前田を怒鳴りつけたのだが、これが仇になった。引き金が一回引かれ、小野は左こめかみを撃たれて四十分後に死んだ。犯人二人はあわてふためいて逃走した。

事件は一見、大胆不敵な犯行と見える。ドアを破って堂々と侵入し、寝込みを襲う例など過去になかったことだろう。だが事実は脱退を迫る脅しから引き起こされた殺害事件だった。その証拠に、小野夫人は二人の顔をしっかり目撃し、事件発生と同時に犯人が誰か割れたのである。二人の逮捕は簡単なことだった。

吹き飛んだ「抗争終結」

山口組の攻撃はつづき、翌二十二日には和歌山市で銃口が火を噴いた。

一和会系松美会内吉田組の組員・松岡勤（三十一歳）が同市畑屋敷の交差点で赤信号になり、車を停めたところ、後について停まった軽自動車助手席から山口組系小山組内吉村組幹部が飛び出し、ガラス越しに四発を発射、松岡は腰と背中を撃たれながらも、車外に逃れ出て近くの薬局に「救急車を呼んでくれ」と助けを求めた。だが、この松岡は救急車で運ばれる途中、出血多量で死んだ。

二日後、田岡一雄の未亡人フミ子が死亡した。フミ子は肝硬変で一九八四年暮れに京都八幡《やわた》市の八幡病院に入院した。入院間もなく竹中正久が一和会に殺害されて深い衝撃を受け、なんら病状が快方に向かうことはなかったのだが、みずから死期を覚ったのだろう。八五年暮れになって「正月は家で過ごしたい」と言い出し、長男満（当時四十一歳）の自宅である神戸市中央区熊内町のマンションで自宅療養に当たっていた。

だが一月十二日には意識不明の重体に陥り、二十日には危篤《きとく》を宣せられた。そしてついに二十四日午後十時四十三分、永遠に息を引きとったわけである。山口組は、「三代目姐」と兵庫県警に認定されるまでの田岡フミ子の指導力を完全に失い、すべてを直系組長たちで決めていかねばならなくなった。

田岡フミ子の危篤、死という推移に、稲川会総裁・稲川聖城や会長・石井隆匡は足しげく神戸に通い、山口組幹部と懇談することになった。こうした話し合いのなかに登場したのが、山口組vs.一和会抗争の終結である。

関西の中立系組織も動き、一和会会長・山本広と接触、まず山本は田岡フミ子の病気見舞いに行き、それを機に山口組と和解するという案が出された。フミ子の死亡後は焼香し、和解への呼び水に、と変わったわけだが、他団体でも業界の指導的クラスはひとしく山口組と一和会の和解を願っていた。

ひとつに、山・一抗争で暴力団世界全体に対する警察のしめつけが厳しくなったからである。前年十一月からは、競馬や競輪など公営施設場への暴力団員の立ち入りが排除され始めた。ノミ行為常習者だからという名目である。またテキヤに対しても、前年三月、甲子園球場で一和会特別相談役・大川覚の長男が竹中組内塚川組組員に撃たれたのを機に、祭礼、催事での出店を制限し始めていた。

こうして相次いで終結への説得工作を受け、若頭・渡辺芳則を含む山口組執行部は、

「和解の方向で組内を調整したい。今少し時間をほしい」

と稲川会などに回答したとされる。その一応のメドは田岡フミ子の四十九日に当たる三月十三日とされていた。もちろん一和会側は山口組以上に抗争終結―和解を受け入れる状況にあった。山口組vs.一和会抗争で劣勢に立っていた上、山口組との和解が事実上、山口組による一和会の認知をも意味する以上、ほとんど戦略的勝利に等しかったからである。

だが、こうした抗争終結ムードは、一和会側が引き起こした事件で吹き飛ぶことに

なった。

二月二十七日、姫路市深志野《ふかしの》の竹中正久の墓の前で、竹中組内柴田会組員・井垣道明（当時二十二歳）と星山勲（同二十二歳）の二人が、近くの墓石のかげで待ち伏せていた作業服姿の男二人によって狙撃された。井垣は胸を撃たれて即死、星山は墓地の外まで逃げたが、追われて胸や腹を銃撃されて同じく即死同然に死んだ。井垣らは、この日が竹中正久の月命日だったことから、墓の掃除を始めようとして難にあったものである。

この犯人は長らく不明だったが、加茂田組内二代目花田組（北海道）組長・丹羽勝治らの犯行と八八年五月ごろ判明、丹羽は山口組系弘道会内組員によって同年四月に射殺された。

いずれにしろ竹中正久の墓前での射殺は、竹中正久に再度泥を塗るも同然として、山口組内の世論を硬化させた。本来、山口組にとって必然性のない抗争終結がこの一事で、うやむやになったのは当然である。しかも、同事件は、竹中組内の組員によりひと月前敢行された、加茂田組舎弟・小野敏文殺害に対する加茂田組の返し（報復）と早くから推測され、かえって加茂田組への風当たりを強めることになった。

二人の狙撃者

二人目の一和会幹部の射殺も竹中組が担うことになった。

竹中組内二代目生島組幹部・北原智久と同・大宮真浩の二人は五月二十一日の夜、大阪ミナミの路上で一和会副本部長・中川宣治（当時四十二歳）を射殺した。

中川は元加茂田組の出身で、一時破門されていたが、加茂田重政の従弟、愛媛の神竜会会長・加茂田俊治の口ぞえで復帰を許され、一和会結成時には同会の直系組長に引き上げられた。新進の一和会幹部であり、しかも大阪ミナミという山口組、一和会双方にとっての重要拠点を預かる中心幹部だった。

二十一日の夜、中川はその率いる中川連合会の幹部と鰻谷中之町《うなぎだになかのちょう》のラウンジで飲んだ。夜十一時半ごろ店を出、幹部一人を連れてタクシーを拾った。車は走り出し、わずか一ブロックを走って交差点の赤信号に引っかかった。

このとき、うしろを走っていた白い車がするっとタクシーの右側に並んで停まり、開いた後部座席の窓から拳銃を突き出しざま、後部席右側に座っていた中川宣治に向け銃撃した。弾丸は閉じていたドアガラスを砕《くだ》き、中川の体にめりこんだ。
瞬間、中川の体は揺らぎ、頭を抱えるように前のめりになった。そこに弾丸は吸い込まれるように撃ち込まれ、中川の右こめかみ、右胸と撃ち抜いていった。隣席に座る中川連合会の相談役やタクシーの運転手にはなにごともなく、中川宣治だけが二時間後に死んだ。

赤坂進につづく一和会幹部二人目の殺害である。犯人はしばらく不明のままだった。彼らの世界で「あざやか」「みごと」とされる手なみだったため、山口組直系組長たちの多くは、ことによると自分の組の枝の組員あたりがやったのかもしれないと思いたがった。

もちろん竹中組内生島組（組長・生島仁吉）の二組員がやったことである。生島仁吉の先代、生島久治は竹中正久が引退させた元山口組若頭補佐・菅谷政雄の菅谷組に属し、ひところ日本一の金持ちヤクザと噂されていた。

殺害から二ヵ月後、北原智久は初めて生島仁吉の前に出、「中川宣治の射殺は自分と大宮真浩がやったこと」と申し出た。生島仁吉が北原の気持ちを確かめると、「そろそろ大阪府警に自首してもいい」という。

それで生島仁吉は竹中組組長・竹中武にこの間の事情を伝えた。竹中武は話を聞いたあと、「本人はどういうてるんや」「もういいかげん、出たいいうてます」「そんなら出さんかい」となったのである。

これで北原智久は大阪府警に出頭することになった。だが、もう一人の実行犯・大宮真浩は自首して取り調べを受ける気持ちを固めきってはいなかった。

大宮の心の動きは今となっては永遠の謎だが、相棒の北原智久が大阪府警に出頭した頃、大宮はマンションの九階から身を投げていた。

一和会副本部長・中川宣治の射殺は山口組内ではズバ抜けた〝功績〟になる。だが、大宮真浩は投身自殺を図った。

大宮の体は下に張られた電線に引っかかり、即死は免れたものの、以後、植物人間同然で寝たきりになった。こうして大宮は十ヵ月間病床に伏し、一九八七年四月、消えるように息を引きとった。

ヤクザが首尾よく敵を殺したあと、自殺を図るなどは不体裁なことである。警察に自首して、公判廷で宣告された刑期をつとめ上げてこそ、彼らの論理は一貫する。組としても、決して名誉なこととはいえない。できることなら口を拭《ぬぐ》い、この自殺未遂の事実は伏せておきたかったところだろう。

組長・竹中武の気持ちは複雑だった。

「『そういうことなら（警察に）出さんかい』と、わしがいうたばかりに、わしが大宮を殺したような気持ちになったわ。本人の気持ちをじかに確かめ、自首させるにせい、時期をずらすとか、するべきやった……。本来ならこういうことで組葬など出せるもんやない。枝の若衆やし。しかし、組のためにやったいう大宮の気持ちは買ってやらなあかん」（竹中武）

竹中組は異例であることを百も承知の上で、八七年四月十九日、明石《あかし》の金勝寺で大宮真浩の組葬を営んだ。葬儀の執行委員長をつとめた竹中組若頭・大西康雄はこう弔《ちょう》辞《じ》を読み上げた。

「亡き二代目生島組幹部・大宮真浩君は大阪南におきまして、中川宣治襲撃事件で多大なる戦果と功績を残し、また最も将来を嘱望《しょくぼう》されながら薬石効なく、四月三日、二代目生島組組長に見守られながら、無念にも不帰の人となりました。

ここに竹中組一家一門協議のうえ、故人の果敢なる情熱と勇気、そして功績に敬意を表する意をもちまして、竹中組組葬とし、冥福を祈ることとなったしだいでございます」

他方、大阪府警に出頭した北原智久の立場は大宮の存在と死で微妙になった。殺害の現場に居合わせた中川連合会相談役など検察側証人は犯人は右手を突き出し、中川宣治を撃ったと法廷で証言したが、北原は左利きである。とすれば、実際に撃ったのは、死んだ大宮真浩でなかったのか。北原智久は単に車を運転していただけにすぎないのではないか——。

弁護士はもとより、検察側も裁判官も、撃ったのは大宮の方だと見たがった。北原が車を運転しながら撃つなどは、どういう状況を考えても不可能に近い。単に車の運転だけなら殺人幇助《ほうじょ》になり、刑もだいぶ軽い。

だが、北原は法廷で言い張った。いくら大宮が死んだからといって、仲間に罪をかぶせ、刑を軽くしてもらう気持ちはない。中川宣治を撃ったのは自分である——。北原は自分の弁護士とも対立してこう主張し、懲役十五年を求刑された。

第一幕の終演

中川宣治の殺害で事実上、山口組vs.一和会抗争は第一幕を閉じた。以後、香川と愛知県で拳銃による一和会系組員への傷害事件がつづくが、それだけで終わり、ガラス割りなどは影をひそめた。山口組執行部による抗争終結への組内説得工作がつづけられていたのだから、当然といえば当然にちがいない。

兵庫県警もこの年（一九八六年）八月十八日の県議会で「山口組vs.一和会抗争は事実上、終息状況にある」という見解を発表している。

この抗争第一幕で目につくのは竹中組である。山口組は抗争中、一和会の二幹部の生命を奪ったが、それぞれに実行者の人間ドラマをにじませながらも、敢行したのは竹中組だった。次いでは弘道会、豪友会あたりの一和会攻撃が目立った。

抗争の遂行に責任を負うはずの若頭・渡辺芳則の二代目山健組はこれらの組の後に位置づけられる程度だろう。渡辺はすでに五代目取りを決意していた。抗争に尽力して当然だったし、山口組内の最大勢力である。その力もあるはずであった。

渡辺はこう語っている。二代目山健組事務所で渡辺のいる部屋のドアを開けておくとする——。

「その前を幹部が通って『おはようございます』言いよる。俺が『ああ』いうて、こっち向いとったら、それで（抗争に）行くもん。こらぁ、しゃあないわね。別に俺、強制しとるわけとちゃうから。何も『ああ』いうて（殺人）教唆になることはないんやからね。

だから昔からいうたら、ほんまに俺自身楽になったわね。昔やったら『行け！　こうして来い』と俺ら（抗争に）行く者に、間に（人を）いれずに言いよったからね。（取り調べで）辛抱でけへんかったら、（教唆された事実を）うたえ（自白してもいい）、構めへん、と。（抗争に行く）人間にも恵まれとったんやろな。うたわれとるのやったら、俺も十五年か二十年か知らんけど、（懲役に今ごろ）行っとるはずやからね」

渡辺は教唆の危険をおかすことなく、今では部下をして攻撃におもむかせることが出来ると明言している。

「（敵への攻撃を）やらすときは俺、（人前に）出てけえへんからね。もう引っ込んだまま絶対に人と会わへん。そやから、うちあたりのシステムいうたら、（俺が）黙っとったらなんぼでも（攻撃に）行きよる。（下の者は）勝手にどんどこ、どんどこやっとるわね。そやから俺、やって（攻撃して）悪いもんは悪いちゅうからね」

とすれば、山口組vs.一和会抗争で渡辺は二代目山健組の組員に「攻撃するな」とセーブしたとでもいうのだろうか。ブレーキはありうることである。渡辺が五代目就任を目指して最も恐れねばならなかったことは彼自身の服役にちがいない。教唆や共謀共同正犯で彼自身を危険にさらすことはない。抗争で〝功績〟をあげなくても、別の手段でとれる——とするのが渡辺の持つ現代性だった。それが渡辺がなんの未練もなく抗争終結に同意した理由でもあろう。

第三章　山口組vs.一和会抗争　いちおうの「終結」

「終結」の意味

山口組と一和会との抗争は一九八七（昭和六十二）年二月、「終結」という大きなフシ目を記した。

両組織への分裂から約二年半、四代目組長・竹中正久らの射殺から数えれば約二年、長期膠着《こうちゃく》状態のつづいた抗争に、不安定な休止符が打たれた。「終結」は山口組と一和会との和解ではない。それどころか、以後の共存さえも意味しなかった。両者の緊張した関係はその後もつづいた。

なぜ「終結」の名にも値しないフシ目で終わったのか。以下、山口組と一和会の最高幹部、竹中組幹部へのインタビューを通して明らかにし、併せて山口組と一和会との抗争が抱えた問題点を指摘したい。

まず状況を押さえておこう。

山口組vs.一和会抗争がふだん暴力組織に関心のない層にも強い印象を与えたのは、次の三点からだったろう。すなわち①日本最大で、最も知名度の高い山口組の、②組長とナンバー2の若頭の生命が、③分裂した一和会の手で瞬時に奪われた——という三点である。

山口組 vs. 一和会抗争は両組織に分裂した一九八四年六月に胚胎《はいたい》し、同年中の串本《くしもと》、別府《べっぷ》、伊原組の事件などを経て、翌八五年一月の竹中射殺に至ったと見られる。すなわち山口組による一和会組織の侵蝕《しんしょく》、それをめぐる小ぜり合い、竹中射殺という一和会の爆発的な攻撃、山口組による反撃、終結、という流れである。

が、論者によっては竹中射殺で今回の抗争が始まったと見なす。そうした見方も無理からぬほどに、竹中射殺は日本の暴力団史上にない強烈な印象を与えた。初めに激動ありきで、山口組 vs. 一和会抗争の基本のイメージは、竹中射殺で形づくられたと見ていい。

たとえば、山・一抗争と呼称するまでに、抗争の一挙一動を追うジャーナリズムが成立したのも竹中射殺—猛反撃する山口組、が予測されたからにちがいない。実際には竹中射殺以降の動向は、この手の抗争としてはむしろ地味なものであった。広島事件や沖縄の旭琉会—上原組抗争など、より凄絶《せいぜつ》、野放図な抗争をわれわれは過去に見聞きしている。にもかかわらず、山口組 vs. 一和会抗争への社会の注目度はかつてない広がりと持続性を保った。

また当事者自体にも竹中射殺は強い影響力を与えた。いわば過剰攻撃の思いである。竹中射殺以後、一和会幹部が蟄居《ちっきょ》し受《う》け太刀《だち》に傾き、対して山口組側が一方的に反撃するという基本の構図が確定したが、それもこの思いがあったからだろう。そのため抗争は山口組による一和会への経済封鎖の性格を帯び、外に出て追撃できない一和会は発足時に比べ経済的、組織的に弱体化した。

必然的に、「終結」のイニシアチブをとったのも山口組側である。反撃の大義を持つ山口組がまず二月八日終結を通達し、しかるのち二月十日、一和会がそれを容れて終結することになった。

山口組の抗争「終結」は直接的には稲川会の要請によった。稲川会会長・石井隆匡は田岡晩年の山口組若頭・山本健一と兄弟分の盃を交わしているため、当時の若頭で山健組二代目組長・渡辺芳則とはオジ―オイの関係に当たる。さらに稲川会総裁・稲川聖城は竹中正久の四代目襲名式で後見人をつとめ、稲川会は山口組に対して強い発言力を持つ親戚団体である。

他方、一和会には会津小鉄会会長・高山登久太郎が当たった。「終結」に関し、山口組と一和会が直接協議したことはなく、協議、調整は稲川会―会津小鉄会の間だけで行われた。いわば両組織は全暴力団の総意を受けて、山口組vs.一和会抗争を終結に向けた窓口団体と見なせる。彼らの背後には警察の意向が控えているのだが、終結に関し警察の果たした役割についてはまとめて後述する。

では「終結」の主導権を握った山口組最高幹部との一問一答から入ろう。ちなみに山口組の最高幹部会（執行部）は組長代行・中西一男、若頭・渡辺芳則のほか、若頭補佐五人、代行補佐四人で構成される。筆者は終結に先立ち、終結がほぼ確定した八六年六月中旬、大阪市内で彼らの一人と会見した。

――なぜ通常の手打ちや和解ではなく、「終結」なのか。

「一和はヤクザとして認めんというのが四代目が打ち出した基本線ですわ。短期ではあれ、親（竹中正久）が決めたことやし、ましてその親を殺され、身内の兄弟殺されたとあれば、一和を相手に和解でけしまへん。要するに相手として認めんということです。

だから今回、終結に条件も何もおまへんし、一和が後日、終結をいうもいわんも、こちらとしては関知せんということです」

話中、四代目が一和会をヤクザとして認めない基本線とは一九八四年八月、一和会との分裂後、山口組が全国の友誼団体に送った義絶状を指す。書状は一和会という名指しを避けながらも、

「斯道《しどう》の本質を失いたる不逞《ふてい》不遜《ふそん》の行為は断じて容認為し難く当山口組は永久に一切の関係を断絶するものであります」

と一和会を非難、一和会丸ごとへの義絶を宣したものであった。ために一和会は暴力団の世界で孤立し、危機感を深めた。竹中襲撃の根本原因はこの義絶状にあるとさえいわれている。

――なぜこの時期に「終結」なのか。

「稲川の石井さんの説得やから、山口のマイナスになること絶対しないやろというわれわれの考えです。稲川さんは四代目の後見人やし、いうてみればわれわれの親がわりの人ですわ。そういう人が行く末を案じて説得に入られた。われわれには逃げられんものがあるだけに、二回、三回と説得されれば、耳傾けんわけにいきません。前回は姫路の事件がたまたま起こって反発するに好都合やったけど、今回はそうもいきま

せん。

　そういう人らに一和との抗争で①世間を騒がしてる、②警察は極道全体の取り締まりいうことで新法を考えているほどや、警察の圧力が全体にかかってる――いわれたら、終結せざるを得んでしょう。他人にいわれるんやない。われわれの一番弱い人なんやから」

　稲川会などによる終結斡旋《あっせん》は過去、二、三回行われている。中でも強い実現性をもって語られたのは田岡一雄の未亡人フミ子が一九八六年一月二十四日、肝硬変で死歿《しぼっ》する前後の時期であった。当時は山口組と一和会の「和解」という形で伝わったが、二月二十七日、姫路の竹中正久の墓前で竹中組組員二人が一和会系の組員の手で射殺される突発事件が起こって反故《ほご》となった経緯がある。

　――「終結」ということは、一和会会長・山本広、理事長・加茂田重政ら最高幹部の生命を狙わないということか。

「要するに四代目を取られたことにまつわるケンカはしませんということです。今後、絶対一和とケンカしないことかと突っ込まれても、それは断言でけしまへん。われわれは親戚の稲川とも（末端の組織では）ケンカすることがあるのやからね。ただ一和に因縁つけて、もめ事を大きくして、上のタマ（生命）をとるようなマネはせんとはいえますな。ヤクザの道としてケンカすることはありますやろ。ヤクザやってる以上、もめ事のタネは次々に出てくるんやから。しかし四代目を取られたことを根にもって、ケンカやることはせんということです」

——「終結」に仲裁人はいるのか。

「いや、仲裁という言葉自体どうかと思いますな。（稲川会に）わしらに一和と仲直りさせたいんか、基本は何なのや聞いたら、いや、要は抗争が迷惑なんや、と。だったら、仲直りせんで、抗争やめましょういうことです。抗争を自発的にやめるんやから、仲裁人はおりません。そのかわり、業界に声明文送ったとします。これまだわかりませんよ。執行部で決まってないんやから。口で説明するのか、あるいは取り締まり当局に〝長い間、ご迷惑をかけました〟いうんか、決まってません。ただこういう事が公式の山口組の約束ですわ。これでウソついたら一事が万事で、山口は相手にされんようになる。業界の物笑いのタネですわ」

——かつての大阪戦争時のように、マスコミ各社を呼んで、終結宣言の記者発表をするのか。

「決まってません。わし個人の考えやけど、しょせん裏街道歩いてる者が記者発表などおこがましい。声明文つくって同業団体に送るだけで十分と思いますわ。宣伝しなければならんいうものでもないんやし」

——「終結」は決定とみていいのか。

「いや、わしらには稲川さんの説得を聞きいれる姿勢ができたいうことで、決定とちがいます。そら、私自身〝個人的な感情いうてみい〟いわれたら、十割は納得できませんもの。割り切れんものが残るからこそ、執行部の決定いうことでなく、直系を説得して、そのとき皆の腹のうちを聞くいうのがええと思いますわ」

——直系組長たちは九州地域、四国地域と地域ごとに説得するのか。

「いや、そうでなく、気が合うゆうんか、心許した仲ゆうんか、そういう者が担当決めて当たりますわ。AがダメならBが行くこともあるし、そういうことです。スケジュールといわれてもわからしまへん。今月中で結論出るか、七、八月までかかるか。ただ竹中、豪友、南の三者の説得が大きいですわ。直接、親取られてるところの組やし、竹中、豪友は長が(刑務所に)入ってますやろ。立会人や担当おるところで、説得いうのは難しいですわ」

「終結」反対の竹中組

この会見後の六月十九日、野球賭博で実に八五年二月以来一年五ヵ月もの長期間、拘留されていた竹中組組長・竹中武が保釈で出た。彼は竹中正久の実弟である。まん中の兄・竹中正は竹中組相談役で、山口組ハワイ事件により八五年九月から八六年四月二十六日、無罪をかちとって帰国するまで、オアフ刑務所に拘置されていた。兄弟は正久とのつながりから山口組内でも反撃の先頭に立つべきところ、そろって身柄を拘束されて、最も「終結」に反対すべき立場にあった。

筆者は同じく六月中旬、竹中組の幹部に接触、反応を質《ただ》したが、案の定、「終結」には激しく反発した。

「稲川会が後見人なら、後見人の道があるはずやろ。いくら警察にいわれたか知らへんけど、こんな筋の通らんこと持ち込んで、頭ぼけてんのとちがうか。後見人いうたら、余計（山口組に）味方せんならんものやないか。

向こう（一和会）が謝りもせんのに、どないしてケンカやめましたいえる？　わしらにあしたからカタギになれいうの？ ちがう？ そんなことやったら、山口は割れてまうわ。山広（山本広）は引退したら、（竹中正久射殺のヒットマンらに山本から殺人を）教唆されたとうたわれるわ（自白の意）、それが怖いのや。だから引退したくともでけへん。

それでこんな理屈に通らんこと仕掛けて、板バサミをうまく抜けようたって、そうはいくかい。そんなものの手に誰が乗るかい。条件とか、そんな難しいものとちがうわな。向こうも（山口組に反撃されることを）承知でやったことやろ。だったら、本人が悪かったと謝るのが先やないか。こんな細工した話、勝手にさしといたらええわな。一〇〇パーセントでけへんやろ」

稲川会批判を辞さないまでに「終結」に反対した。おそらく出所したばかりの竹中武も、ほぼ同様の反応を示すとみられた。

竹中組にきわだつ稲川会への反発は、北海道での一和会系加茂田組内花田組の扱いについての不信が根底に横たわっていた。

八五年八月一日、稲川会系岸本組内星川組（組長・星川濠希）組員二人は北見市高栄東町《こうえいひがし》のスーパーマーケットで買い物中の初代花田組組長・花田章（五十七歳）を銃撃、花田は頭と腕に弾丸を受け、二日後に息を引きとった。星川組も本拠を北見市に置き、花田組とシノギをめぐって対立が生じたのが襲撃の理由という。

　この花田組組長・花田章は加茂田組舎弟頭補佐の地位にあり、北見、札幌などに構成員三百五十人を擁する大組織である。

　稲川会の一和会系花田組攻撃は、竹中正久が四代目組長襲名の際、後見人をつとめた稲川聖城の山口組に対する側面援助と取れなくはなかった。だが、稲川会はそうした山口組側の期待をあっさり袖にし、一和会との間で八月二十六日、松葉会会長・中村益也、日本国粋会総長・八木沢由雄らの仲裁により小樽郊外の朝里川《あさりがわ》温泉で条件のつかない手打ちをした。

　一和会系加茂田組にとっては花田章を殺され、報復もないままの手打ちは飲み込みにくいはずだが、かわりに山口組の〝後見人〟に一和会を承認されたに等しく、業界の孤児から脱却する意味を買ったものと見られる。山口組は一和会を暴力団として認めていず、なぜ稲川会が一和会を相手に、公認するに等しい手打ちの挙に出たのか、一部に不信を呼んだ。

　しかも一和会系加茂田組内花田組は三ヵ月後、手打ち破りを行った。同組員三人は十一月十九日、北見市山下町のキャバレー「北海道」で稲川会系星川組組長・星川濠希（四十歳）と組員波越鶏次（二十八歳）を銃撃、星川を脳幹挫傷で、また波越には心臓と肝臓の貫通銃創を与えて、それぞれ即死同様に殺した。

これにより一和会系加茂田組は手打ちの相手、稲川会にばかりか、仲裁に立った日本国粋会、松葉会に対しても顔に泥を塗ることになった。だが、稲川会は八六年一月十五日、白老《しらおい》町のホテルで一和会と二度目の手打ちをした。仲裁に立ったのは前回と同様、松葉会会長・中村益也、日本国粋会会長・木村清吉である。

稲川会の念のいった一和会相手の二度の手打ちは〝後見人〟とはいえ、稲川会が山口組とは別の組織原則で動くことを明らかにした。だが、山口組内には「稲川さんはわれわれの親がわり」といった全面信頼の論がとりわけ渡辺芳則、宅見勝あたりに強かった。稲川会の勧めには反対できないというのだが、前記、北海道の一連の経緯から、稲川会の行動に不信と疑惑を抱く勢力が生じた。東海圏や中京圏など、日常的に稲川会と接触せざるをえない地域で特に強まったのだが、稲川会と、稲川会の勧めを無条件で受け入れる山口組執行部への不信は竹中組でも同様であった。

再度、山口組最高幹部とのインタビューに戻る。

――竹中組の猛反対が予想されるが。

「そりゃ、当然ですわ。われわれ自身、山口組の何十年さき考えてなかったら、終結いうような答え、出せませんわ。われわれ頭のない単細胞の人間やから、相手が来るいうんやったら、とことん行こうやないか、パクられたらパクられたで、それでいいやないかいう考え持ってます。

竹中であれ、割り切れんもの持ってるとちがいます？　ふつうやったら、こんな話、山口をどう持っていきたいいうんかい、なんという眠たい話しとんねんといって断りますわ。山口のほんとの姿見せてやろかいうのがわれわれの絶対条件、ホンネやからね。なめられたら、この世界、飯食えんですわ」

――山口組が「終結」を受け入れることで、暴力団世界から軽く見られることはないのか。

「それは絶対にないですわ。世間に迷惑かけてるし、極道のシノギそのものがきつうなってます。露店商一つとっても、きついわ。だからもう十分闘うたやないかいうのが（稲川会が説得する）一つの話ですわ。山口に敵愾心《てきがいしん》を持ってる者やったら、そら、とことんよう行かんかったというかもしれん、そら別ですわ」

――「終結」で山口組が再分裂することは？

「組割れるいうのは考えられんわ。十割ない話やな。竹中組にしろ、下のもの精一杯頑張ってきてます。豪友会もとことん行ってますもの。今さら〝終結〟を納得できんということとまずないと思うわ。最後にはわかってくれます」

山口組 vs. 一和会抗争では、終結までに死者が山口組八人、一和会十七人、負傷者は山口組十七人、一和会四十九人を数えた。人数比では一和会の犠牲が大きく、山口組優位といえるが、ただ暴力団世界では生命の値打ちが組織上の地位によって異なる。一挙に組長、若頭、それにボディガード役の南組組長・南力の生命を奪われた山口組側に、なお殺しの収支決算はマイナス、一和会によって傷つけられた威信の回復は未完と見るのが、この世界である。

また逮捕者は山口組三百十九人、一和会百九人と、反撃の手かずの分だけ、山口組側が多い。ふつう暴力団は、相手側を殺傷しても逃亡せず、出頭し、裁かれ、刑期をつとめる。それあってはじめて功績となるからだが、今回の抗争では犯人不明の事件もまた多い。「終結」となって、今後、徐々に分明になると見られる。

――山口組側では今回の抗争に他人ごとと傍観した組が多いと見えるが。

「そうやね。山口はこのケンカで二割と力ぶつけてませんもの。今はケンカも対警察、対一般社会を無視できないんですわ、昔とちがって実にやりにくい。現状、うちは三百人パクられてます。これから警察の出番になって、ようパクられて七、八百人ですわ。別件入れて一千人。今、山口は二万おります。一千人いかれて、五パーセント。うちはこの率からいって、とことんいけば一万人の戦力出ると思いますわ。

その意味でこの一年五ヵ月、武力闘争とちがう、経済闘争やったわけや。一和はあと一年ほっといてくれたら自然消滅ですわ。一和の名、残ってもまず有名無実やろね」

――「終結」に何か成算があるということか。

「正直、一和から山口に（組員が）かなり流れてます。これでいちおう幕引いたら、一つの義理を、組員は果たしたいうことになりますやろ、もっと山口に流れやすくなりますな。それと、〝終結〟で一和が表に出てきても、一和への姿勢、うちはかなり厳しくなっていく思いますわ」

この幹部発言の含意は今後、民事紛争など彼らの利権をめぐって一和会と鉢合わせしても、山口組側は一和会に強硬に対して、譲るまいという気持ちと解される。つまり、抗争は終結しても、一和会に敵意を抱きつづけるかぎり、両者の小ぜり合いは今後とも起こり得ると見なければなるまい。

以上でひとまず山口組最高幹部のインタビューを措く。おおよそ彼らが「終結」をどう考え、将来展望としてどう把《とら》え返しているか、つかめたはずである。

一和会最高幹部の真意

次に一和会の最高幹部（常任顧問・白神英雄）との一問一答に入る。この面談も一九八六年六月中旬、関西で行った。

――山口組が抗争「終結」をするようだが。

「本来なら手打ちいうか、仲裁人を立てて、見届人を置いてな、（山口組と一和会が）同じテーブルにつくのが筋やがな。松田組とケンカしたのとちがうのやから」

もちろん松田組は田岡〝大阪戦争〟時の敵対組織である。〝第二次大阪戦争〟は田岡一雄が京都・三条駅前のクラブ「ベラミ」で遊んだ際、大日本正義団幹部・鳴海清に狙撃され、負傷したことに端を発している。

田岡はこのとき、首に貫通銃創を受けたが、生命に別状はなかった。にもかかわらず山口組側の反撃は猛烈をきわめ、大日本正義団の上部組織である松田組の系列に、無差別的な攻撃を加えた。

しかも狙撃した鳴海清は六甲山中で腐乱死体となって発見され、大日本正義団二代目会長・吉田芳幸は岡山市内に潜伏中、大阪府警に逮捕された。

山口組は結果的に松田組を圧伏、同〝戦争〟に大勝した。そのためベラミ事件以降わずか四ヵ月でマスコミ各社を山口組本家に招き、一方的に抗争終結を宣言した。

この終結宣言は相手を小さしとして、名指すことも潔《いさぎよ》しとしない大国の論理に満ちたものであった。完膚《かんぷ》なきまでに蹂躙《じゅうりん》した。ついては世間を騒がせ申し訳ないという、対松田組というより対社会に向けた宣言であった。

山口組は同様に対一和会抗争でも「終結」を一方的に表明しようとしていた。しかし状況は〝大阪戦争〟時とは異なり、山口組側に圧勝をいえる条件はない。一和会が山口組から分裂し、義絶した団体だからこそ、苦しい一方的な「終結」表明になるだけである。が、一和会にとっては、やはり不本意な形式にはちがいない。

——では一和会は終結を表明せず、抗争をつづけるのか。

「いや、山口がやめるいうのに反対する理由はあらへん。うちもそら即応しますよ。よその組が時間かけて、仲へ入って出来上がる話にちがいないんやから。うちは山口とちがって会長がおりますやろ、会長がウンといいましたら、それでよろしいのや。会長が一番〝終結〟に向け心を悩ました人なんですから」

——山口組の「終結」に、たとえば山本広、加茂田重政などトップ二、三人は除外するとか、そんな条件があるのか。

「対象外があるいうのは聞いたことおまへんわ。いくらなんでも個人に対する終結とちがいますやろ。向こうも一和に向けてする終結ですわ。今さら誰を認める、誰は認めんという次元とちがいますわ。山口も腹決めとんのやから。わしはそう思いまっせ」

——「終結」後、両組織間にしこりが残るのではないか。

「終結したら、お互い行き来するのとちがいますか。上のものはメンツがあるからなんやけど、下のものは現に行き来してるんやから。それと、これから街に出るいうのに腹に一物いうの嫌らしいわな。仕事の場所、飲み屋、いろんな場所で会うたときには笑顔で会いたい、それが当たり前でっしゃろ。何を考えてるかわからんようなら困りますわな。ま、小ぜり合いなきにしもあらずとは考えてます。しかし関東二十日会のように、下のケンカで上のタマ取りに行っちゃいかんとか、ピシッと決める必要ありますな。関西も関東を見習わねばいかんわ」

——しかし山口組には「終結」に反発する勢力もあるようだが。

「たぶん竹中組や思うけど、不満いう人間、山口は納得させせないけまへんわ。人が仲に入って収めるいうの、これが最後でっしゃろ。これで事故起こしたら、物笑いのタネですわ。

だからほんとは極道で名の通った人いれてな、極道のしきたりあるはずなんやから、双方同じテーブルに着くいうのが間違い少ないわけやな。うちとしてはそういう和解の方向をなお模索してますわ。そやろ、もとは同じ幹から出たんやから。争いが嫌やから、菱（山口組）の代紋はずしたのや。ことを争うため、山口を出たのとちがうわな。山口は執行部が決めたことやから、直系（組長）は従わざるをえません。それが組織でんがな」

——山口組と一和会が抗争を終結させる。このことはその組織のなかで、執行部としての功績になるのか。

「そら、そうでんがな。ヤクザとして功績になります、歴史に残りますやろ。ま、終結決まったなら、一日も早く宣言出さなあきまへん。これまでは話が出るたびにツブシが出てますやろ。不心得者が出んうちに、決めなあかんわ。こんなもん（タナざらしにすると）一ヵ月以上もちません。それにな、八月いうたら、極道社会で義理ごとおまへんのや。そういう決まりや。六月中に話つけなあきまへん」

こうして一和会に片づけるべき問題はなく、終結を望むこととしきりである。だが、山口組最高幹部の話にほの見えたように「終結」表明が直ちに山口組、一和会双方に平安をもたらすことはなかった。暴力団社会を貫く暴力の論理が二年間の抗争で磨滅《まめっ》したとは考えにくい。

暴力をめぐる二つの路線

もともと山口組と一和会との分裂には、路線上の考えの相違があったかもしれない。一和会幹事長・佐々木道雄はこのあたり、手記のなかで次のように分析している。

「三代目山口組の二大要素である伝統的暴力指向と開明的知能指向のうち、どちらを採るかが問題だった。姐さん(田岡一雄の未亡人フミ子)は、時代に逆行して暴力指向を選んだ。

山本代行(一和会会長・山本広)は、いわれるように開明的穏健派であり、これに同調する直系組長は、いわゆる修羅場をくぐった古参が多い。一方、伝統的暴力派はいきおい若く、直情径行で、なにかにつけて『姐さん、姐さん』と慕い、『若、若』(田岡家の長男、満を指す)と持ち上げる。……

強い山口組を作り、維持して行くには、やはり竹中がいい、という結論に姐さんは達したのだろう。つまり姐さんは、強い山口組でありたいため、親分の暴力面での足跡に照らし合わせ、極道の根源である〝暴力〟を選んだのである。

姐さんは、ここでも選択を間違えた。たしかに昭和三十年代から五十年代前半までの山口組は『イケ、イケ』の暴力指向をあからさまに見せ、勢力を伸張していった。だが、親分の頭のなかには明らかに他組織との共存共栄——つまり、平和路線を究極的に追求することが描かれていた」(「佐々木将城の爆弾手記」=『週刊現代』一九八五

年四月十三日号）

佐々木は山口組と一和会をそれぞれ伝統的暴力指向と開明的知能指向と性格づけた。ヤクザはすべて武闘派というういい方もあるが、指向に着目するかぎり佐々木の分類は基本的に正しく、かつわかりやすいものであった。まして前記したように、山口組と一和会の、ともに最高幹部の「終結」に関するコメントは、両者の対照を浮き上がらせて鮮《あざ》やかである。山口組側にはやはり衣の下に暴力がちらつく。一和会側には皆無といえぬまでも暴力臭は稀薄《きはく》である。

さてまがりなりにも「終結」が確定した時点で、ある程度の中間的な星取り表は許されるのではあるまいか。

組織力の面では山口組側が優勢である。最高幹部のいう構成員「二万人」はほぼ正確とみられる。山口組では抗争途中に誠友会（札幌）など、主として北海道で新規勢力を加えている。ひき比べ一和会では常任顧問・溝橋正夫と大組織の加茂田組の若頭がカタギになるなど、ぎくしゃくした話を多く耳にした。

敵対勢力に与えた損害の面では、初発の竹中襲撃が最後まで効いて、一和会が上を行く。山口組が奪った一和会の幹部としては常任理事・赤坂進、副本部長・中川宣治の二人があるだけである。

暴力団社会に占める位置という面では、もともと山口組が代紋を継承しただけに優位にある。だが、山口組嫌いは他団体幹部に多く、さらに友誼関係がなくとも一和会への親しみを口にする者も多い。この面は「終結」を見なければ、定めがたかろう。

では総合的には何がいえるのか。かりにも山口組vs.一和会抗争は日本最大の暴力団山口組が真っ二つに分裂した果てに、互いに組織の存亡をかけ、二年間抗争したという事件である。同事件から「現代社会と暴力団」に関し、何らかの示唆が得られぬわけがない。

分裂前の山口組構成員数は約一万三千人、これが分裂により山口組約五千人、一和会約六千人、態度保留約二千人にと割れた。山口組、一和会はほぼ拮抗《きっこう》する勢力であった。が、分裂後、半年目の八四年末の数字（警察庁発表）は山口組一万四百人、一和会約二千八百人と、山口組が肥大し、一和会が急減した。手元に数字はないが、その後も前記したように山口組増、一和会減という傾向はつづいた。

山口組は首領の不在、抗争最中という悪条件のなかで組織的に伸張した。これは何を語るものだろうか。さきの性格づけでは山口組は伝統的暴力指向の集団だった。いえることの一つは暴力団の力の根源は暴力にあり、開明的知能は暴力に代わりえないということである。

このことは日ごと進展する社会のなかで奇異と映るが、実は奇異でも何でもない。開明的知能は暴力団以外の社会にいくらでもプロが存在する。暴力団が暴力に裏打ちされなければ、それは彼らのいう「カタギ」になる。暴力を基底に捉《とら》えるからこそ暴力団であって、そういう暴力団に対しては、なお社会的なニーズがあると見なければならない。つまり暴力団における暴力は不変の要素である。

暴力というイメージ

次にいえることとは伝統にも関連する代紋の力である。山口組という名、菱形に山の字の入る代紋が個人ヤクザの名に優った。実際、そうとでも考えなければ、山口組と一和会の勢力比の変化は説明がつかない。一和会には加茂田重政、佐々木道雄、白神英雄など、個人として著名なヤクザが集結した。対して山口組には分裂時、これと名指せる人物がいなかったことは争えぬ事実だろう。今でこそ一般に若頭・渡辺芳則のイメージは結びやすいが、これは抗争過程で主としてマスコミの力によって形づくられたと見るべきだろう。渡辺にしろ、分裂前には無名に等しかった。

つまり暴力団は暴力を背景とする点で特異なサービス産業であり、同時に一般社会や同業者間に畏怖を喚起しなければならないイメージ産業でもある、ということである。分裂で新生した一和会の名、丸い代紋は田岡時に培《つちか》われた山口組のイメージ喚起力に、組織面を見るかぎり太刀打ちできなかった。

このことはまた暴力もイメージであることを語っている。つまり暴力的威嚇力《いかくりょく》というとき、主体は威嚇力にあって暴力は後景に置かれる。実際にその暴力が発動される必要はなく、単に発動されるかに見えればいい。山口組vs.一和会抗争の中で、実際に振るわれた暴力の効果の面では、たしかに一和会が山口組よりまさっていた。現実の暴力が暴力イメージの因をなすことは否定できないが、瞬発的な暴力だけではイメージとして固定化するには不足だろう。

ここに暴力と組織力の関連が生まれる。つまり現代の暴力団抗争は警察の管理下、マスコミ世論の監視下に置かれた抗争である。大量集結や多人数での乱闘、あるいは無関係の市民を殺害するおそれのある破壊力の強い武器の使用などは許されない。敵行できるのは管理、監視の網の目をぬう形でのテロリズムだけである。

テロが暴力団の暴力を担う。その限りで大組織も小組織も関係がない。つねに五分と五分の闘いである。だがテロに挺身《ていしん》する末端組員、鉄砲玉のリアリズムが組織の大小を問う。彼らにとって、刑期をつとめて出所したとき、挺身した組織が残っているか、優勢であるかは一生の問題である。出所した彼ら自身が組織内で厚遇されないとき、彼の前科と刑務所内での十数年は水泡に帰す。

つまり組織力とは潜在的な暴力のはずである。渡辺芳則の立論もここに立っていた。組織がやる気を奮起させると読む。近年暴力団の世界では、特定の暴力団への集中化、寡占化が進んでいるが、大につくことのメリットはあらゆる面で彼らにとって大きい。山口組は寡占化への波に乗り、一和会は乗れなかったということであろう。

暴力団の開明的知能指向とは本質でなく、現象である。彼らの暗躍する分野は賭場からとうに離れて、今では一般社会に広く浸透している。民事介入暴力などはその最たるもので、自動車保険の示談交渉から債権取り立て、底地買い、倒産整理屋などに至るまで、ある程度、民法や保険、手形、担保、抵当などの知識を要する分野は拡大している。

もちろん本格的な知識や技能は暴力団周辺の弁護士や司法書士、税理士、宅建業者などが提供しているが、暴力団のシノギが一般社会に密着した知能型の分野に進んでいることは争えぬ事実である。だが、この場合も暴力団が強力に通用する理由は、暴力的威嚇力を持つ点にある。威嚇力が弁護士による理路整然とした交渉や正当な権利、正しい裏づけ資料などにまさる局面は枚挙にいとまなくある。法廷での長年月かけた解決より、暴力団の迅速な処理がいいというニーズは社会に広く存在している。そういう顧客層やパートナーがいるため、暴力団の方もまた抵当や差し押さえなどの言葉をあやつる必要が生じている。

山口組vs.一和会抗争に顕著に見られたのはマスコミの高い注目度に応えての暴力団によるマスコミ対応であり、それはマスコミ利用や操作の局面にまで進んだ。彼らはかつてなく、しばしばブラウン管や紙誌面に登場した。とりわけ八五年三月中旬以降、一和会幹部の集中的なマスコミ登場は戦術的な意図をも感じさせるものであった。彼らはマスコミによって力の誇示、正当性の主張、相手方への批判を行った。

こうしたマスコミ利用も開明的知能の一つに数えられようが、その効果は正負半ばした。たしかにマスコミのイメージ形成力は強力である。たとえば、テレビに登場、

「男になりたい、男で死にたい」などの言葉を披露し、行け、行けを呼号した加茂田重政の成功は疑いようがない。「あれこそヤクザ、実に迫力がある」というマスコミ人の声、「加茂田さんはいい、俺は好きだな」という住吉連合会最高幹部の声など、筆者もじかに耳にしている。

だが、現在のマスコミが暴力的威嚇力を伝えるに適切な媒体か、という点では多分に疑わしい。威嚇力には、知らぬが花的な要素があるからである。なんとなく不気味、何をするかわからない、といった恐ろしさは実態を知ることで霧消《むしょう》する。沈黙は金的もったいぶりは威嚇力の保持に必要だろう。

抗争力のマスコミ(不)利用という面では巧まずして山口組に分があった。山口組直系組長の映像や実名をもってするマスコミ登場は、例外的にハワイ事件無罪帰国の織田譲二、田岡満の講談社を相手どる名誉毀損《きそん》裁判にからんでの岸本才三ぐらいのものであった。山口組は取材拒否を原則とし、その防御ガードの厚さでマスコミ人の反発を招きながらも、実利は確保したといえよう。

警察の影

さて山口組vs.一和会抗争には終始警察の影がちらついた。一和会との分裂からして警察の策したものであった。

兵庫県警は田岡の死の三ヵ月後、「山口組解体作戦」を開始、山口組の分裂を促《うなが》すと関係文書に明記している。

「山口組解体作戦は、……昭和五十六年七月、三代目組長田岡一雄死亡を同組壊滅の絶好機と受けとめ、厳しい対決姿勢のもとに、全国警察はもちろん、検察、国税、その他関係行政機関と緊密に連携し、県警察の総力を結集して強力かつ多角的な取締りを推進し、山口組の内部分裂、離反を促進して解体し、最終的には壊滅に追い込むことを目的として策定したものである。……

昭和五十九年は、策定後三年目を迎えて『山口組解体作戦の遂行』を県警の運営重点として一段と強力な取締りを推進した結果、……六月五日には、山口組を分裂に追込むという最大の成果をあげ本作戦の所期の目的をほぼ達成した」（一九八五年二月、兵庫県警察本部『暴力白書』)

さらに竹中正久が射殺された吹田《すいた》の「GSハイム第二江坂」の所在について、当初大阪府警は寝耳に水、竹中の愛人が住み、竹中が通っているとは、と驚いてみせたが、何のことはない、八四年六月には地元吹田署が探知、府警本部に情報をあげていたと、「ヒットマン裁判」で担当の巡査部長が証言した。この警察情報が一和会山広組に伝わり、竹中らの射殺となったことが十分疑われる。

警察の意図は山口組つぶしにあった。山口組に対しては一九六六年時から数次の頂上作戦を展開、揺さぶりをかけたが、ついに田岡の目が黒いうちの壊滅はならなかった。そのため山口組を分裂に導き、自滅への道をたどらせようと策定したのが「解体作戦」であった。

しかし分裂には成功したが、分裂後、約半年の八四年末には、前記したように山口組の勢力はほぼ元に復してしまった。敵対する一和会は減少して、山口組と同規模での拮抗はならなかった。警察の目論見は裏切られた。そのため警察が対抗勢力の強化と、山口組の混乱を狙って一発逆転をかけたのが、情報リーク=竹中射殺でなければ幸いである。

山口組ハワイ事件の発生は八五年九月だった。竹中正はハワイからロケットランチャーを密輸、山本広宅に撃ち込む予定だった、と当初、米連邦麻薬取締局は主張していた。ところが、発生に先立ち、兵庫県警は山本宅周辺のランチャー発射地点になりそうな高層マンションを軒並み調査し、山本宅の隣人には外出を要請、山本宅には八五年八月末、防御ネットが張られるという事実があった。

おそらくは麻薬取締局エージェント、ヒロ佐々木が兵庫県警に通報したもので、山口組ハワイ事件そのものが日米取締り当局の合作ではあるまい。だが、少なくとも先の事実や、報復の主力となるべき竹中正のハワイ拘置、竹中武の異例の保釈請求却下と長期拘留、和解交渉に一和会きってのパイプを持つ佐々木道雄の収監日延引《えんいん》などの事実と照らすと、山口組vs.一和会抗争には司法をも巻き込んだ警察の操作による抗争という面が強い。警察の目論見は一和会へのテコ入れ、つまり山口組に対する天敵勢力の育成と読めるが、抗争「終結」の背後にも警察の姿がある。

前出、山口組最高幹部は稲川会を代表とする関東勢が終結に向け動いた理由を次のように表現した。

「関東勢は警察と深いらしいですわ。われわれ、警視庁の十七階に何があるか知らしまへんけど、よく行くいうてました。月に一回くらいは刑事部長や四課長と会ういうようなこと大っぴらにいいますな。関西では警察に出入りするいうたら白い目で見られます。人前ではいえんことですわ」

おそらく警察サイドは中央のレベルで山口組 vs. 一和会抗争の終結を策定した。仲介に立つような有力暴力団を説得した論理は「抗争がつづく限り、暴力団取締りの新法を用意せざるをえない」だったろう。抗争の継続は「解体作戦」に照らせば、分裂の延長上にあり、望ましいことではなかったのか。だが、警察の意図に反し、山口組の組織的弱体化は進まず、マスコミによる暴力団への注目、社会的存在としての公然化という望ましくない副次的現象も生まれた。

警察はここで軌道修正し、抗争終結、それをめぐる山口組内の対立激化、五代目組長就任、反対派の新たなる育成——といった構想を持ったと見られる。暴力団は何によらず警察力には極度に弱い体質を持つ。山口組とて例外ではない。体制派が暴力団の本質である。だが、彼らにも生成消滅の自律性はある。警察が抗争終結で意図する狙いが達せられるか否かは別の問題である。

第四章　崩壊する一和会

竹中武の出所

山口組vs.一和会抗争の終結で、竹中武の説得に当たったのは山口組組長代行・中西一男である。山口組執行部は直接、組長を失った竹中組、豪友会、南組の意向を重く見たが、このうち豪友会、南組は原則的に執行部の方針に従うと答えていた。

だが竹中武が難物だった。竹中正久の実弟であるだけに、一和会への敵意と報復への思いは特別に強かった。中西は拘置中の岡山刑務所に足を運び、竹中武と面談したが、終結に賛成するという答えは竹中武の口から出るはずもなかった。一和会幹部二人の生命を奪ったとはいえ、報復らしい報復はしていない。したがって終結できる状況にない、というのが武の見方だったからである。

だが、中西一男と竹中武との間には、わずかに気持ちの通い合うものがあった。必ずしも、「話にならない。こんな話は二度と持ってきてくれるな」というかたくなな態度ではなかったのである。

そのためか一九八六（昭和六十一）年六月十五日、山口組は臨時に直系組長会を招集し、この席ではじめて中西一男が抗争の終結を議題に上らせた。①六月五日、稲川会会長・石井隆匡と会談し、終結が話題に出たこと、②執行部は終結受け入れやむなしと考えていること、③竹中組などに対しては終結の方向で説得を重ねていくこと――などがその内容だった。中西としてはある程度、竹中武説得に自信を持っていたのだろう。

その竹中武が六月十九日、一年五ヵ月ぶりにようやく保釈出所してきた。

武は実兄、竹中正久が射殺されてわずか五日後、野球賭博の容疑で逮捕された。当初は一九八四年の八、九月、加古川《かこがわ》市内の竹中組組員宅で野球賭博を開き、客三人から合計三百五十万円の賭け金の申し込みを受けたというものだったが、これは立件できなかった。

しかたなく岡山県警は勾留期限ぎれの八五年二月二十二日、前年の五〜七月、配下の組員と共謀し、一口一万円で計一億九千万円の野球賭博の申し込みを受けたという容疑で武を再逮捕した。

検察側の起訴内容はこの一年三ヵ月後、竹中武の無罪判決で証明されたように、きわめて「つくられた犯罪」のにおいが強いものだった。

早い話、検察側が竹中武の有罪を証する物証として法廷に提出した財布は、かんじんの日付が合わなかった。

一万円の新札が出たのは八四年の十一月一日である。武は新札で五百万円分が入る財布を岡山・高島屋に特注した。当然十一月以降のことであり、高島屋には注文の控えが残って、財布の引き渡し日も立証された。

ところが検察側は、武がこの財布を使ったのは同年七月のこととした。不可能なことである。裁判の段階で、ズサン捜査であることが次々と明かされていった。武の弁護人から出された保釈申請は岡山地裁では認められても、検察側の抗告により広島高裁で四度も蹴られた。〝武闘派〟竹中武をなんとしてもシャバに出したくない、というのが検察側の本音だったのである。

渡辺芳則の逮捕

保釈出所した竹中武に入れかわるようにしてほぼひと月後、山口組若頭・渡辺芳則が逮捕された。ゴルフ場撃ち込み事件として知られる事件であり、渡辺は八六年七月二十四日傷害容疑で指名手配され、三週間の潜伏後、兵庫県警に出頭、逮捕された。

　事件は八四年十一月のこととされる。渡辺は神戸市内から車で三十分の「神有カントリー倶楽部」でクラブ所属のアシスタントプロと会社社長との三人でプレーした。後続のパーティには、渡辺のボディガードを兼ねて、二代目山健組系の組長ら三人がついていた。

　前のパーティは豊中市で会社を経営するAら四人だったが、渡辺はアウトの四番と六番でこれにボールを打ち込んだ。どのように前のパーティの進行が遅かろうと、打ち込みが非常なマナー違反であるばかりか、危険な行為であることはいうまでもない。

　Aは打ち込まれ、後ろを振り向き「危いじゃないか」と怒鳴った。だが、この声は渡辺には届かなかったらしい。Aは七番ホールでティーショットを終えたとき、渡辺らが追いついてきたので、そこで渡辺にマナー違反を注意した。後続のボディガード役も追いついてき、渡辺が「あいつや、あいつや」と、注意したAを指差して、ボディガード役らに教えたという。

　ボディガード役はゴルフを中断し、九番ホールに先回りした。その上で回ってきた

Aに殴る蹴るの暴行を加え、肋骨《ろっこつ》を折るなど全治四十五日間の重傷を与えた。

兵庫県警は渡辺が「痛めて来い」と組員に指示したためと主張し、渡辺は指示していないと否認した。先に逮捕された組員たちも、暴行の事実は認めたものの、渡辺にはいっさい関係ないと渡辺の関与を否定した。

しかし神戸地検は渡辺を傷害罪で起訴し、以後、渡辺は年末まで四ヵ月余拘置されることになった。

この事件での無罪にかける渡辺の意気込みはすさまじく、検事出身など数人の弁護団を組んだ。

「俺、先生らにいうとるわけだ。これだけ法律家がおって、事実、無実のものを、(判決が)執行猶予つきとかいうのやったら、あんたら頭で負けとるんやで、と。執行猶予やったら、かえって俺は懲役いった方が気分的に楽や、と。どっちみち懲役一年未満ですむんやから。かりに執行猶予やったら、俺は『懲役行く』というたるで、と」(渡辺)

渡辺は八八年夏、弁護団にわざわざ合宿させて法廷戦術を研究させた上、無罪をとれば賞金と世界一周旅行のチケットをつけるとハッパをかけた。だが八九年五月三十一日、渡辺は五代目組長就任を決めた直後、神戸地裁から懲役十月、執行猶予三年の有罪判決を受けた。「子分が勝手にやった」という渡辺側の主張は認められず、「渡辺被告は暗黙のうちに、組員らとの間で、被害者に暴行を加えることについて共謀した」として、共謀共同正犯が広く認められ、渡辺の刑事責任が問われたのである。

山口組「終結」を決定

こうして渡辺は逮捕されたが、その間にも竹中武への終結工作はつづけられた。竹中は対一和会抗争の終結について、当時、筆者の問いにこう答えたものである。

「(終結が自分の)意に添わんところはようけあるわい。しかしな、わしは何も(終結に)賛成したんやないけれどもな、俺は初めから反対やいうとんのやからな。しかしな、幹部が寄って決めたことや。それなら、それでええやないか。

わしが生意気いうようなことになるけど、中西の代行とな、今回の問題でも、八、九回ぐらい話したやろ。説得もされたし、口論したこともあるけど、わしよりヤクザの先輩でもあるので、ええ勉強もさしてもろたな」

山口組の執行部が抗争終結の結論を急ぎ始めたのは竹中正久の三回忌が過ぎたあたりである。八七年二月一日には、執行部として終結を最終決定し、四日の直系組長会で終結を全員に伝える手はずだった。

竹中武はじめ竹中組が、終結に反対であることは外部に洩《も》れ伝わっていた。竹中武は、結論を急ぐ執行部の立場に理解を示しながらも終結にはおいそれとは乗れない気持ちだった。それまでに一和会側に十七人の死者が出たとはいっても、首脳部は無キズである。一和会幹部と名のつく死者が二人という状態では、墜ちた山口組の威信が回復されたとはいえないと武は感じつづけている。

結局、竹中武が望んだのは、終結がほとんど全暴力団の総意であって、やむをえないものなら、山口組が全員一致して終結に賛意を示したのではない、反対した者もいた、という少数論を併記することだったろう。山口組執行部は直系組長会を延期し、二月四日、山口組新本家での執行部会に竹中武を招き、その意向を執行部全員で徴《ちょう》した。竹中武は抗争終結に賛成か反対か、直系組長会で採決することをも提案したが、執行部はそれを採らず、八日、新本家二階の大広間にあらためて直系組長たちを集めた。

中西一男が立ち上がり、

「執行部としては、二年余りつづいた抗争をこの際、終結すると決めた。異論もあろうが、組長代行の権限で、本日をもって抗争を終結する。この旨、よく傘下の組織に伝えてほしい」

と指示した。

いくつか質問が出た。

「抗争終結の次の日、一和会と喧嘩したら、内部処分はあるのか」

という論も出された。他動的な、根拠のはっきりしない終結であるだけに、困惑する若手直系組長もいたのである。

山口組執行部は翌九日大挙して上京し、終結話の間に立った稲川会に終結決定を伝達した。稲川会会長・石井隆匡は翌十日、京都の会津小鉄会会長・高山登久太郎を訪ね、山口組の抗争終結を正式に伝えた。高山はこの伝達をもって同日、一和会本部におもむき、直系組長ら三十四人が集まる席で、山口組の抗争終結を伝えた。一和会会長・山本広は聞き終えてすぐ「一和会は本日をもって抗争を終結する」と決定、高山にその旨伝えた。

ここにひとまず抗争終結はなったのだが、いずれにしろ行くところまで行かねばならない対一和会抗争であった。

しかし抗争終結は手打ちでも和解でもない。一和会にとっては真の終結への一里塚にすぎず、相変わらず終結後も警戒体制を解けなかった。山本広宅の周りに張りめぐらされた防弾ネットはそのままにされ、多数の一和会系組員が二十四時間当番で警護に当たりつづけた。兵庫県警も真の終結でないという見方に立ち、山本宅に常時二人の警官を張りつけ、警備に当たらせた。しかし、それにしても、抗争の終結をより強く待ち望んだのは一和会のはずだった。終結の直前、サイパン島北部のバンザイ岬沖で水死体となって発見された一和会常任顧問・白神英雄は、前年の夏、終結への動きに、こう語ったものである。

「終結したら、お互い行き来するのとちがいますか。上のものはメンツがあるからナンやけど、下のものは現に行き来してるんやから。それと、これから街に出るいうのに、腹に一物いうの嫌らしいわな。仕事の場所、飲み屋、いろんな場所で会うたときには笑顔で会いたい。それが当たり前でっしゃろ」

終結により自由に出歩ける生活に復帰できる日を、待ち望む口調だった。

だが、意外にもわずか四ヵ月後、終結破りに動いたのは一和会の側だった。

二代目山広組内川健組(組長・野崎成博)組員・横尾勝(当時二十四歳)、今堀義浩(二十二歳)の二人は、

「二代目山健組内中野会副会長・池田一男(四十四歳)がつねづねうちの親父(野崎成博)を殺すと公言していることを知り、それなら殺《や》られる前に殺ってやる」

と決意、戦闘服、毛糸の目出し帽をかぶった上で、六月十三日夜十一時大阪・枚方《ひらかた》市のレストラン「ファンタジア」で妻や組幹部と食事中だった池田一男を急襲した。

二人は店内に踏み込むなり無言のまま池田めがけ、拳銃弾を七発連射、ベルトのバックルに当たってはね返った一発を除いて三発が胸に、残り三発が腹などに当たって、池田を蜂の巣のようにして殺した。

大いなる誤爆

文字通りの急襲で、犯人は五ヵ月間割れなかった。ただ現場近くに大阪の中立系組織、砂子川組(組長・山本英貴)の関係者の車が停まっていたという噂が流れた。

おそらくこれで二代目山健組内中野会（会長・中野太郎）は早とちりしたのだろう。身になんの覚えもなく、のほほんとしていた砂子川組系列を軒並み誤爆した。

事件から四日目の十七日には、大阪・枚方市の砂子川組系二代目斉藤組組長・西岡和明（四十九歳）を事務所で襲い、銃撃、三時間後、意識不明のまま死亡させた。同日、守口市の砂子川組系二代目岡田組事務所を襲い、居合わせた幹部や組員三人に乱射、ひん死の重傷を負わせた。

翌十八日には砂子川組本部長・沢田一夫の自宅にダンプカーを突っ込み、十九日には京都宇治《うじ》市の砂子川組系幹部が経営する不動産会社に乱入、従業員一人を殺した。実際に砂子川組が二代目山健組内中野会を攻撃していたのなら、鮮やかな報復劇といえたろう。しかしながら、飽くまでも誤解、思い込みによる報復である。警察の捜査でも最初のファンタジア事件には、砂子川組のスの字も浮かんでいなかったとされる。

たいへんなとばっちりを受けたのが砂子川組である。これで渡辺芳則は会津小鉄会の仲介で、砂子川組組長・山本英貴に詫びを入れる事態となった。

だが犯人が十一月、山広組内川健組の元組員二人と割れてみれば、なんのことはない、山口組vs.一和会抗争の再開である。一和会側から終結を破った以上、山口組が攻撃を遠慮する理由はない。

年が改まって一九八八年一月三日、神戸元町商店街は買い物客や初詣《はつもう》でのついでにそぞろ歩く人たちでにぎわっていた。

ちょうど昼どきである。そのすぐ西隣の一和会系二代目山広組の事務所前路上で突然爆竹がはぜるような音がした。通りがかりの人が見やると、男が倒れ、黒の着色フィルムを貼ったセドリックが急発進して、国道二号線を西に消えた。

男は右こめかみを短銃で撃たれ、血を流して仰向けに倒れていた。病院に運ばれたが、即死同然の死である。

こうして二代目山広組事務局長・浜西時雄（五十六歳）は息を引きとった。浜西は前夜からもう一人の組員と一緒に組事務所に泊まり込んでいたのだが、この日十一時ごろ一和会本部から電話があり、来るようにいわれた。それで事務所入り口まで行って、見なれないセドリックが停まっていることに気づいた。いったんは引き返し、残っていた組員に「下に変な車が停まっとるわ、もう一度見てくる」といい残して、再び事務所を出て、すぐ南隣の駐車場に向かった。

浜西がセドリックを覗《のぞ》き込《こ》もうとしたとき、突然物かげから男二人が躍り出、拳銃を突きつけて浜西を車内に連れ込もうとした。浜西は抵抗して、あげく右こめかみに拳銃を押しつけられるようにして撃たれ、絶命したという。

浜西は一和会の幹部ではないが、それでも山本広の出身団体である二代目山広組では、五番目くらいの地位にある。狙いどころとしてはまずまずというのが、山口組サイドの見方だった。

この犯人は八月まで不明のままで過ぎたが、当初から二代目山健組の手のものと見られていた。前年六月、同組内中野会副会長が射殺され、中野会は砂子川組系の仕業と思い込んで五人を殺傷した。ところがこれがとんだぬれぎぬで砂子川組は無関係、ほかならぬ山広組の犯行と割れたのだから、どうあってもあらためて山広組に一矢《いっし》報いねばすまないところだったのである。

はたせるかな八月になって、川西署がさきに覚醒剤取締法違反（使用）で逮捕していた山健組内の組員・井上浩（二十一歳）が同・野田桂治（四十歳）と一緒にやったことと自供した。井上は中野会副会長が射殺された直後、中野会会長・中野太郎のボディガード役を命じられた。だが覚醒剤の常用がばれ、警護役をはずされた上、謹慎処分に付された。

これで井上は名誉ばん回しようと、野田と語らい、二代目山広組事務局長・浜西時雄を襲ったのである。翌八九年二月になって井上には「白昼、公道で短銃を発射し、社会に与えた不安は大きい」として懲役十四年の判決が言い渡された。

もちろん山口組は表むき麻薬、覚醒剤の使用、販売を禁じている。井上に対する中野会の処分は当然だったのだが、とはいえ井上がシャブ中（覚醒剤中毒）だった事実は動かない。このことがのちに、山口組首脳部の動きに微妙な影を落とすことになる——。

加茂田重政の退場

一和会理事長・加茂田重政は常習賭博で一年間、宮城刑務所で服役していたが、あらかじめ神戸拘置所に移送された後、二月十六日になって出所してきた。加茂田の率いる加茂田組は組員二千人を呼号し、一和会内でもその戦力は期待されるところ大きかった。加茂田が一和会ナンバー2の座を占め、出所の夜に引きつづき、翌十七日の放免祝いにも山本広がじきじきに出席、服役の労をねぎらったのも当然である。

「この一年間は自分にとってもとにかく長かったんや。（出所する日を）待っとったでえ。これでやれやれや」

山本広は十六日、加茂田の自宅前で加茂田を迎えたとき、思わずこう洩らしたというが、いかにも山本のほっとした気持ちがにじみ出ていよう。

しかしこのときすでに、加茂田の心は山本広から離れていた形跡がある。彼は刑務所の独居房で今までを反省し、「入る前より賢うなった」と述懐しているが、おそらく前年二月の抗争終結でひとまず山本広への義理は果たした、出所後は一和会を出て一本（独立）で行く、とでも内心は考えていたにちがいない。

加茂田に約半年遅れて幹事長・佐々木道雄も恐喝罪でほぼ三年の服役が確定、府中刑務所に収監されていた。こうしたナンバー2、3の相次ぐ〝社会不在〟に、一和会ではそれまでの本部長・松本勝美を幹事長代行に、理事長補佐・河内山憲法を本部長に昇格したほか、幹事を大幅に増員するなど、組織の若返りを図っていた。だが、それも直系組長の率いる組の若頭や舎弟頭の登用が多く、水まし人事の色合いが濃かった。終結後も一和会の人員減は下げどまらなかったのである。

竹中組はこうした一和会の欠点を見すかしたように、一挙に本丸に狙いをつけ始めた。

山本広が一和会本部での加茂田の放免祝いに出席していた頃、神戸市東灘区の山本広宅近くの路上では、竹中組の若頭補佐、増田組組長・増田国明（四十五歳）と増田組組員・西浦恵信（四十四歳）の二人が、兵庫県警暴力対策二課と生田署の二台のパトカーにはさまれ、職務質問を受けようとしていた。二人は近くに停車していたワゴン車に乗り込もうとして警官に呼び止められたのだが、警官を振りきって逃走したものの逃げきれず、車内を捜索された。警察官は造作なく後部座席のゴルフバッグから短銃四丁と手榴弾二個、実弾二十五発を発見した。

増田らは放免祝いから帰る山本広を待ち受け、山本の車の下に米軍用M67型手榴弾を投げ込んだ上、停車させ、山本を殺害する計画だったと断定された。県警には事前に竹中組が山本広を狙っているらしいという情報が寄せられていたのだが、その通り証明された。

こうして、あらためて見せつけられた竹中組の戦意の激しさに一和会幹部は総じて慄然《りつぜん》とした。もとはといえば自ら破った抗争の終結だったが、竹中組は終結にお構いなく、山本広の生命を奪うまでホコを収めるつもりがないかのようである。

四月十一日の昼下り、加茂田組内二代目花田組組長・丹羽勝治（四十三歳）は、札幌ススキノの外れの喫茶店で知り合いの女性と茶を飲んでいた。丹羽の行きつけの店である。

二人が飲み終わって店を出、前の道路を渡っているとき、同じ喫茶店から出てきた男二人が追いかけるようにして、いきなり拳銃を発射した。丹羽は被弾しながらも約二〇メートル走ってマンション「クィーン南5条」に逃げ込んだが、男たちはさらに追って来、エレベーターホール前で丹羽を袋のネズミ同然にして銃弾五発をぶち込んだ。

丹羽は救急車で病院に運ばれたが、間もなく息を引きとった。

十日後、山口組系弘道会内司道連合の幹部・佐々木美佐夫（三十五歳）が名古屋・千《ち》種《ぐさ》署に出頭した。同署は殺人、銃刀法違反などで佐々木を逮捕、札幌・中央署の捜査本部に護送した。

二代目花田組は、先代組長・花田章を稲川会系星川組に殺され、いったんは手打ちをしながら、その後、星川組組長・星川濠希の首級を挙げた戦歴を持つ。加茂田組組長・加茂田重政もそれだけに丹羽勝治には目をかけていたのだろう。丹羽を殺され、弘道会の手と判明した時点ですぐ、弘道会会長・司忍の身辺を探っている。丹羽の報復のため、司の殺害を企《くわだ》てたのである。司の家では、大きな犬を放し飼いにしていることまでは早い時点につかんでいた。

だが、このとき竹中武の意を汲《く》んだ仲介役が加茂田に打診を始めていた。引退・解散せよ、そうすれば加茂田組への攻撃を手控える、というのだ。竹中武が山広取りと一和会つぶしに本気なことは加茂田も肝に銘じていた。しかし丹羽を殺され、司忍にはどうしても一矢報いたい。

「弘道会をやるまで待ってくれへんか」

加茂田は仲介役にこう答えた。仲介役から報告を受けた竹中武は、再度こう押すよう仲介役に頼んだ。

「墓前射殺（の犯人）がめくれてからでは遅いぞ。引退、解散を決めるなら今や。後からいうて来たって、わしとこは認めへん」

この強圧に、加茂田重政は五月七日までに神戸市長田区の加茂田組事務所から一和会の代紋も看板もはずす、と約束した。加茂田とすれば、すでに一和会の残り少ない命数《めいすう》を読みきっていた。その上、竹中組が加茂田組を攻撃する最大の理由となる八六年二月の墓前射殺（竹中正久の墓前で竹中組内柴田会の組員二人が殺された）は、ほかならぬ二代目花田組の仕業と承知していたから、竹中武に「めくれてからでは遅い」と詰め寄られた以上、弘道会への報復は論外のこととなった。

だが加茂田はこうした事情を加茂田組の幹部に打ち明けられなかった。それと知らぬ加茂田組の若頭代行や舎弟頭など八人は、加茂田に弘道会攻撃のための資金捻出《ねんしゅつ》を相談した。だが、きのうまで「弘道会断固撃つべし」だった加茂田が煮えきらず、金も出しそうにない。これで八人は加茂田に造反し、五月七日の加茂田組定例集会に無断欠席した。加茂田は「もうやめや、やめ！」とヤケになり、席を立ったという。

山本広襲撃班

竹中組は一和会きっての武闘派集団、加茂田組の切り崩しにひとまず成功した。とすれば残る大仕事は一和会会長・山本広本人への攻撃となろう。

竹中組内安東会会長・安東美樹（三十三歳）は抗争終結後も、警官二人と一和会系

組員による二十四時間張り付き警備がつづいている山本広宅の警戒網を強行突破し、なんとか山本広に直接迫ろうと企てていた。

筆者は前年、実はこの安東とたまたま岡山市内のホテルで顔を合わせ、二言、三言口をきいたことがある。ヤクザには珍しく物腰が柔らかく、謹厳なタイプと見受けた。「わが親分の竹中武はいうたら文武両道に優れたいう感じの人ですわ」と非常に尊敬している風が見え、

「全国のヤクザの名簿を本にしたら、よう売れる思うとんのですわ」といったものである。おそらくこのときすでに、心中深く期すところがあったはずだが、そういう気配は毛ほども感じさせなかった。

安東はフィリピンに五回ほど渡航、拳銃や機関銃の射撃訓練を受けたと伝えられる。また山本広攻撃のために、米国製の自動小銃M16や、その先端に差し込み、対戦車戦などに使うてき弾などを入手していた。この年、八八年の四月になってからは襲撃班の編成に着手してもいる。

班員は安東を含め五人（安東は事件後、マスコミに宛てた手紙で三人と記す）。うち一人は元自衛隊員の西沢進（四十三歳）である。西沢は神戸の右翼団体にいたが、そこで

はあまり買われていなかったらしい。それで安東から山本広襲撃計画を打ち明けられると、

「俺がとてつもなく大きいことをしでかしたと知って、奴ら（右翼団体）は驚き、俺を見直すだろう。この際、奴らの鼻をあかしてやる」

と一も二もなく襲撃班への参加を決めた。

もう一人は荒嶋巧（四十二歳）で、荒嶋は五年ほど前に西沢と知り合い、二、三年前から同じ右翼団体に所属していた。西沢と荒嶋の二人はこの年四月に安東会の組員になり、神戸市兵庫区内のマンションで水道管などを使って手製爆弾五個を作った。

当初の安東の計画では、安東と西沢が山本広宅前に詰める二人の警官にホールドアップし、スプレーで目つぶしをした上、針金で縛り上げて自由を奪う。その後、屋外に一人だけ残し、四人が山本広宅に乱入、山本広が家にいればこれを殺し、いなければ女子供を屋外に連れ出した後、山本広宅を爆破、住めなくしてしまおうというものだった。逃げる者は撃つな、と取り決めてもいた。

警官銃撃事件

五月十三日、安東は「山本広在宅」という情報をつかんだ。いよいよ決行である。彼らは巡回パトロールの検問を恐れ、山本広宅の手前で車を乗り捨て、身に自動小銃やサイレンサーつきの拳銃、消火器・水道管爆弾などを帯し、徒歩で山本広宅に向かった。ときに十四日午前二時半ごろである。一行は五人だったが、向かう途中、早くも狂いが生じた。

襲撃班の一人が最後のドタン場になって怖けづき、携帯の水道管爆弾や短機関銃を民家の植え込みなどに投げ込んで逃走したのである。

安東美樹にとっては思わぬ誤算だった。だが、ここまで来た以上、後には引けない。残る四人で強行するのみ、とホゾを固めた。

彼らは山の方、北側から山本広宅に近づいた。案の定、山本広宅を右（西）に見る交差点には、車首を南に向けてパトロールカーが駐車していた。安東と西沢は足音をしのばせ、車の後方から接近していった。中には警官二名が警備についているはずである。

だがここで二度目の誤算が生じた。安東らは車の前に停まる単車に気づかなかった。単車に乗って近くの阪急御影《みかげ》駅前派出所勤務の巡査・岡田智博（二十四歳）がたまたまパトカーの同僚のもとに遊びに来ていた。岡田は運転席に座り、本来の勤務の巡査・林谷晋（二十三歳）は助手席、同じく巡査・広田清弘（二十三歳）は後部座席に座っていた。つまり車の中には三人の警官がいた。

ところが安東らは二人とばかり思い込んでいたから、岡田と広田に向かい、窓ごしに「手をあげろ」と自動小銃を構えたとき、助手席に林谷がいて、拳銃のホルスターに手を伸ばすのにはじめて気づき、仰天した。安東は思わずひき金を引いた。自動小銃にはサイレンサーがつけられていたから、プシュ、プシュとまるで竹ヤブに撃ち込むように、弾丸は窓ガラスを破り、車内に吸い込まれていった。西沢の構えた拳銃は不発で、車から飛び出した林谷につかみかかられそうになった。

安東は自動小銃やライフル銃など二十数発を撃った。毒喰わば皿まで、巡査を殺しても、という心境だったろう。広田と林谷はヘルメットと防弾チョッキを着用していたから、制圧することは難しかった。わずかに安東の放った銃弾はチョッキの隙間《すきま》を縫《ぬ》うようにして広田の腹、林谷の背中と右手、岡田の上あごをとらえ、二週間から五ヵ月の傷を負わせた。警官三人はようやく倒れた。

この騒ぎに警備の一和会系組員が気づかぬはずはなかったが、彼らは誰一人表に出て来なかった。道路に面するガレージや、路上に停めた二台のワゴン車に閉じこもって、じっと息を殺していたのである。

しかし襲撃班の目標は警察官ではない。山本広や山本広宅にダメージを与えることである。安東は焦った。警官銃撃の際、林谷が肩につけている携帯無線機の非常スイッチを押していた。応援の署員が現場に駆けつけてくるのは時間の問題だった。

山本広宅は敷地いっぱいに四面とも、防弾のネットを張っている。外から攻撃する場合にはネットをナイフで破ってからと決めていたのだが、塀の上でなければ、傾斜地の石垣の上のネットである。手が届かない。

安東は自動小銃の先端にてき弾を差し込み、山本宅めがけ、そのまま撃つことにした。班員に消火器爆弾を山本広宅の勝手口に置かせた。タイマーをわずか五秒にセットさせ、後方に退いた。安東は引き金を引いた。だが、てき弾はネットに引っかかり、はね返って地上に落ち、大音響とともに爆発した。

安東は二ヵ月後、自らマスコミに宛てた手紙の中で、このときの模様をこう記している。

「新聞、週刊誌上で、M16マシンガン用対戦車ロケット弾を操作を誤って誤爆させたとあるが、これは間違い。しっかり家を狙って発射した。あるアクシデントに遭《あ》い、家に入れなくなり、しかたなく計画を短縮し、ネットがあるのはわかっていたが、賭けてみた。

ところがネットを通過せず、ネットに当たった瞬間、空中爆発したというのが真実だ。疑うなら玄関上のネットを調べたらわかる筈《はず》だ。

それにもう一つ、新聞紙上に犯人は八人とも九人とも発表されたが、総《すべ》て三人のみでやった。これしきの事そんな人数はいらない。訂正しておく」

あるアクシデントとは、警官が三人いたことと、襲撃班から一人脱落者が出たことだろう。ことによると、その者がネットを破るためにハシゴなどを携帯していたのかもしれない。しかし安東とすれば、みっともなくて脱落者が出たとは口がさけてもいえない。それで「すべて三人でやった」と強弁したと見える。

いずれにしろてき弾は爆発、安東は肩を、西沢は膝を負傷し、それ以上の攻撃は不能となった。消火器爆弾はいちおう爆発したものの、火薬の詰めがゆるかったため か、発火薬部分だけが燃えて、全体的には不発同然となった。安東ら襲撃班は血を流し、呻《うめ》きをもらしつつ撤退した。

二日後の十六日、安東と西沢は茨城県東茨城郡城北《じようほく》町の私立病院に現れ、それぞれ肩と足から金属片の摘出手術を受けて、再び姿を隠した。このとき安東は沼津ナンバーの車で来院、静岡県富士宮市の山口組直系後藤組の組員が安東らの逃走を助けたことが疑われた。

だが、当初はこの山本広宅前警官銃撃事件はどこの誰によってひき起こされたものか、皆目不明だった。もちろん山口組系組員の仕業だろうとは早くから推定されていたが、兵庫県警が山口組系竹中組内安東会会長・安東美樹の名を確定したのは事件から十日後、五月二十四日ごろのことである。

事件は発生と同時に大々的に報じられ、広く社会に衝撃を与えた。戦後の混乱期を除き、暴力団が警察官に攻撃を加えた例はきわめて少ない。暴力団は反体制的な存在でなく、警察のお目こぼしを受けつつ、体制内の隙間に寄生する存在である。警察への攻撃は彼らの常識をはるかに超え、自ら墓穴を掘るに等しい。

しかも事件発生当初は、なんらかの突発事が起こって、やむをえず警官への銃撃に走ったという事情がわからず、意図的に銃撃、警官を計画的に殺そうとしたと解された。それだけに世間の評価を超えて、あらゆる障害物を蹴ちらし、ひたすら山本広を殺害しようとする安東らの殺気が無気味に伝わってくる事件でもあった。

竹中組はみな殺しも辞さない――一和会の幹部たちはふるえあがり、真剣にわが身の振りようを考えなければならなくなった。

渡辺芳則の見方

筆者は事件直後、渡辺芳則（当時、山口組若頭）に事件をどう思うか話を聞いた。

当時、犯人はまだ不明だったものの、警察庁、兵庫県警は山口組筋の犯行と推定、使用武器など事件捜査を進めると同時に、すでに山口組系組織による犯罪の徹底的な洗い出しに入っていた。

他方、事件の底流となったかと見られるものに、一和会理事長・加茂田重政の引退があった。加茂田はみずから、最盛期には二千名といわれる加茂田組を率いて、一和会きっての主要戦力となったばかりか、血族の神竜会会長・加茂田俊治、政勇会会長・加茂田勲武などを一和会の幹部に加えており（それぞれ一和会理事長補佐、常任理事）、その出処進退は、あまりにも大きな影響力を持っていた。

山口組は前年二月、ひとまず一和会との抗争の終結を宣し、年内にも、五代目組長の人事を決めなければならない時期に入っていた。大きな節目にあったことは事実である。

五代目人事、加茂田引退、そして「凶悪なる愚行」というべき警察官銃撃事件の三件は、相互に関連していたのかどうか——。いずれにしろ、山口組の底流に大きな波動が生じていた。以下、渡辺芳則の事件に対する見方を掲げておく。

——警察官銃撃事件は、山口組の仕業と警察は見ているようだが。

渡辺　こんなんは、実に非道なことですわ、往生《おうじょう》してます。まさかうち（二代目山健組）とちがうやろな思いながらも、まず足もと固めなァあかん。三時間かけて、組内を全部調べさせたわ。

調べた結果は該当者なしで、まぁよかったと思うてるとこですわ。幹部からは「親分、わしらがそんな（警官を撃つような）教育を、若いものにしてると思うてましたんか」と苦情が出たけど「わかった、わかった」いうてな（笑）、「調べなァわからんことやし、気ィ悪うすな」と。

――静岡の山口組系組織か、という見方もあるようだが（十三日、神戸市中央区波止場町の荷役会社敷地内で見つかったジュース缶爆弾は四月十二日付の静岡新聞に包まれていた。八五年五月、静岡県の後藤組と美尾組の組員が山本広宅にダンプカーで突っ込む事件を起こしており、そこからの類推である）。

渡辺　それはちがうと思うね。新聞みたいなもの、駅で売ってまんがな。警察の発表いうのは、捜査方向と逆をいうことがあるからな。油断さしといて、ぜんぜん別口に突っ込む。そんなものとちがうか。

――一方、竹中組も疑われているようだが。

渡辺　それもないやろ思うね。疑われるいうのは、まず（竹中組組長の竹中武が）四代目の弟やからやろ。それと、いままでの流れがあるわな。ニュアンス的に（竹中武の報復をにおわす）いろいろな言葉が伝えられておるから、ということにすぎんやろな。

――一和会の自作自演というのは考えられないか。

渡辺　懲役かかるようなこと、やらんやろう。あんなマンガみたいなことやるんやったら、直接（山口組を）やった方が早いわ。一和のうちわもめいうことはハナから考えてなかったね、いろいろ状況から判断して。

――過激派説もあるが。

渡辺　ひょっとしたら過激派がと考えんでもなかったね。というのは今、赤軍派の柴田（泰弘）が兵庫県警にパクられとるやろ。韓国のオリンピックを妨害せなならんいうんで、ああいうアクション起こしてやね、警察力を全部山口（組）に向けさせる、そのスキをついて何かしよるのもおるかいなと考えたが、ちょっと（可能性は）薄いようやね。

――事件の山口組に対する影響はどうか。

渡辺　警察はこれでやりやすうなるね。さかんにマスコミを使って「暴力団は市民の敵」というとるし、これからは予算もようけつかえるわな。まして兵庫県警は大きな事件（たとえばグリコ森永事件、朝日新聞阪神支局襲撃事件など）をようあげてないやろ。警察庁もハッパかけとるし、事件は捜査ばっかりでのうて、裁判にも大きく影響するわ。

——山口組系の者がやったとすれば、たいへんなことをしでかしてくれた、と？

渡辺 そうやね。シャブうってやったとしか思われへん。判断力がちょっとでもあれば、こんなことせぇへん。プラスになること、一つもあらへんやないの。マイナスばっかりや。やった人間にしたって人から恨まれた上、懲役に行かなしゃあない。それも間違いなく最高の刑をくらうやろね。

——一和会に対して、事件の影響はどうか。

渡辺 一和はこれでなんぼか、息つけられるね。（山口組が）せっかくうまいこと、（一和会を）崩しかかっとるのに、バカなことですわ。

——一和会崩しということに関連して、加茂田重政の引退というのは、どうなっているのか。

渡辺 完璧に解散してるんや、山口組に対してはね。本人が解散したいうから（山口組は）幹部会を開いてね、「ほな、命までは狙わんでおこう、（加茂田組の）若い衆は山口組系のどこでもええから、好きなところへ入れ」いうことですわ。一般市民に戻るんなら矢は向けんいうのがヤクザ社会の鉄則やからね。

――引退に至るいきさつは？

渡辺　きっかけは金やな。組には二億からの会費がある。「あの金を出してくれ、金がなければ（山口組に）仕返しもでけへん」と若いものはいうたけど、加茂田は出さへん。それで山広に直訴したんやけど（山本は）例の調子で、「わかった、二、三日待て」と。

若いもんは頭に来たわけや。それで七日の（加茂田組の）集会に出えへんで、（加茂田組、および一和会を）脱退した。

それと、山口組の二つの組（竹中組など）から加茂田に、人を介して「引退せえ」と迫っていたわけや。これで加茂田は引退を決めたわな。

二代目山健組幹部の話

うちは加茂田と同じ神戸やし、人数も多い。加茂田は山健組をいちばん気にしてるようやな。間に立った人間からしょっちゅう電話が入ってくる。「看板は下ろしたけど、まだ残務整理が残ってる。しばらく若い衆が出入りするけど、誤解せんようにしてくれ」とな。

それで「わかった。そのかわりいつまでもきっちりせんと、よけい、こっちはきつうなるかもわからへんで」と答えてますのや。

——とはいえ、一和会に対して加茂田はハッキリしたことをいっていないようだが。

渡辺　こっちでいうことと、あっちでいうことと、ぜんぜん別のことをいうとる懸念はあるわな。しかし、解散したと加茂田がいうてきたから、山口組も追い討ちはかけんいうのが真実ですわ。

竹中武の話

加茂田の弟の政勇会会長いうのは、ゼニのトラブルで一和会を除籍になってるわけや。が、加茂田にすれば、肉親の情いうものはあるわな。それで一和に対してよけい嫌気がさした、いう面もあるわけや。

——加茂田の関係の政勇会、神竜会も、結果的に解散になる？

渡辺　政勇会はだいぶ前に（一和会を）除籍になっとると、聞いてるね。神竜会も加茂田に少し遅れて、すでにカタギになっとるわ。

しかし、こういうのはきのうきょう（一和会の）直系になったもんやからな。そうやなしに幹部クラスが二、三、近々引退、解散しますわ。

――一和会特別相談役・井志繁雅とか？

渡辺　井志さんはね、山広についていくと思うね。だけど（井志組の）若い衆はね、全部一ヵ月前に（手）放してます。

井志組長というのは、男としてなかなかしっかりした考えを持っとる。「オレは山広の盃を受けたんやし、最後まで（山本を）見届けなければならん。しかしお前らはわしに尽くすだけ尽くしてくれた。もう縁はないんやし、オレにかまうことない。やりやすいようにやってくれ」いうてね。ふつうはできんことです。

――ほかには、どんなところが？

渡辺　それと松美（一和会幹事長代行・松本勝美）も時間の問題やね。なんぼなんでも、この先一週間はかからん思う。（山口組）三代目当時からのもんに対しては、生命の保障はするいう形で解散させよるから。その代わり若いものは全部、元のサヤに納まれ、と。山口組はようけあちこちあるんやから、好きなところに入れいう形やね。

――松本勝美は、前には一和会本部長だった。その人まで引退するのか。

渡辺　松美の嫁はん（夫人）が病気でね、若い衆も親分思いなわけや。親分にもしものことがあっては……というわけや。また（山・一）抗争を起こして、もう、なんの目的もない、と。それより育ててくれた親父やから引退して、このち金もあることやし、社会に溶け込んで暮らしてほしいという気持ちから、引退の話になったわけや。

そやから本人からとちがう。若い衆から、親を思うて始まった話やね。親の安心した顔を見てから、自分たちの旅立ちをしたい、そういうことですわ。

渡辺芳則の発言をその通りに受けとるならば、一和会には引退風が吹き荒れていたと見るほかにない。山口組による、一和会幹部引退説得工作は深く静かに進行し、一和会の外堀はほぼ埋めつくされようとしていた――そして、その成果を見るか見ないかの段階で警察官銃撃事件は起こった。

問題は事件が一和会幹部の引退風にどう影響したかだが、山口組首脳部は大勢は決した、と見ていた。

銃撃の波紋

山本広宅前警察官銃撃事件は山口組本体をも深く揺すぶった。各直系組長たちは警察官に向けて引き金を引くという一事に、対一和会抗争への態度ばかりか、暴力団としての有りようを問われたといっていい。組内部の声は渡辺芳則の見方に必ずしも代表されるものではなく、さまざまな見方があった。

以下それらの本音ともいうべき見解を収めておく。

「そら、警官を撃つというのはいいことじゃないだろう。だけど、あえてやった気持ちはわかるな。この先、時間がたって（事件が）めくれてきて、あの現場においてはこういうウラがあるぞ、といえるような日が来たらかなり受ける印象がちがってくると思うよ」（山口組の若手直系組長A）

「あそこまでやらかした若い衆としては、腹くくってると思うんですよ。たまたまああいうカッコになったけど、このたびの戦争をやった同じ一門としてね、いちがいに非難できないし、非難したら逆に笑われます」（山口組の古参直系組長B）

「事件を聞いて直感的に思ったのは『しっかりしとるな』ということです。ほかの（山口組系の）組だって、あそこまで強い兵隊持ってる組に、うらやましさやねたみこそ感じても、やった組にとやかくいえるもんやない」（山口組の中堅直系組長C）

何人かの山口組直系組長の胸のうちを直接ただしてみて感じるのは、マスコミ世論とのギャップである。

『神戸新聞』は事件直後の社説（八八年五月十五日）に「警察官銃撃は市民への挑戦」としてこう記した。

「兵庫県警は『警察組織に対する重大な挑戦』（南雲明久刑事部長）と受け止めているが、制服の警察官を公然と襲撃し、手製爆弾を爆発させるという凶行は、市民社会への挑戦である。このような無法を許してはならない。……凶悪さはこれまでの暴力団抗争の常識を超える。暴力団にどんな論理があるにせよ、これは市民へ銃を向けるのと同じことだ」

同日付の『朝日新聞』社説も「暴力団の狂暴化を許すな」として同様の論旨を展開

している。

「警察は、一和会と対立する暴力団山口組の犯行との見方を強めているが、今回の事件がこれまでの抗争と明らかに異なるのは、警官を襲撃の標的にしたことである。…山口組の四代目組長に端を発する両組の全面対決は去年（一九八七）二月、山口組が抗争終結を指示するまでの二年余の間に二府十九県で三百十七件の抗争事件が発生し、死傷者は九十五人に達した。件数、死傷者数とも戦後最大規模である。この中には、流れ弾に当たるなど巻き添えをくった一般市民や警官も含まれている。しかし、今回の事件は最初から警官を狙撃した点で市民社会への挑戦ともいえ、強い憤《いきどお》りをおぼえる」

　こうした世論に包囲されて、事件が解明されるにつれ、山口組、特に竹中組は社会的に孤立を深めた。中立系暴力団の見方も、ほとんど新聞論調と軌を一にしていた。

　しかし山口組内には「山本広宅前警察官銃撃事件」に動じる気配は渡辺など執行部を除いてほとんどなかった。事情がどうあれ、起こったことはしようがないじゃないか、という開き直った態度が主流だった。

「組うちには、事件に対する世論といった、決まった考えはないですよ。今後シノギに影響しますからね、腹の中ではたいへんなことをやってくれたと思うものもおるかもしれんけど、(山・一抗争で)何もせんとって、そんな非難がましいことといえませんわ、誰にしろ」(山口組直系組長D=四代目舎弟)

山口組直系組長のホンネを聞くと、不思議なほど平然としている。警察官に傷を負わせる行為は、そのこと自体もそうだし、その後の警察の摘発強化や暴力社会全体の非難など、あらゆる面で、大ごとすぎるはずであった。

「関係ないものに危害を加えるいうんは、たしかにわれわれのルールにはないことです。われわれが殺し合うのはしかたないけど、警官や一般人に危害を加えるいうんは、本来、恥なんやから。たまたま運悪く流れダマが飛ぶことはあっても、意図して警官狙うというのはないことやね」(直系組長E)

だが、現実に警察官三人が負傷した。

「われわれも殺人狂じゃないんだからね。新聞が書いてたように、パトカーの窓をコンコンと叩いて、警官に窓開けさして、それから撃ったということはありえんわな。突発的な何かがあって、それで自分の身をかばう気になってやったいうことは、そのうち、めくれてくると思うよ」(若手組長A)

こうした見方が大多数だった。直系組長の中には、さらに激しく、警察側はもともと間違っている、という理屈を述べる者もいた。

「勝手な言い分といわれるかもしれんけどな、わしらにいわしたら、向こう（山本広）だけずっと警察は守ってますわな。ほっといたらええやないの。われわれアウトローの社会がやってることなんやから、殺し合いさせとったら、ええんやないですか。ほっといたらそれだけ（ヤクザは殺傷されて）減ってくし、やったもんは捕まっていくんやし。どうせ山広が生きてるかぎり、わしらは終生闘わんならん宿命を背負うてますわな。警察が山広守ったかて、しょうがない。カタギさんを守るいうんなら、わかりますけどね」（四代目舎弟D）

武闘派的な直系組長はみずからの体験からか、張り込みの東灘署と山広組は連係をとり合っているとさえ決めつけた。

「東灘署は山広の家周辺の車のナンバー、全部把握しとるんでしょうな。ちょっとちがうナンバーの車は、遠くに停めとってもすぐ巡回のパトカーが来よる。そうでなければ山広の若い者がのぞく。こっちにとっては、正直、おもろないことですわ。三時間でええ、警察が横向いとってくれたら、とうに勝負ついとると思いますよ。

若い衆にしても、何年も(警察のガードのために山本襲撃を)待たされとったら、ジリジリします。もうええ、突っ込んでまえ、となりますわな。勝手な理屈かもしれへんけど、起こるべくして起きた事件やと思いますわ」(直系組長E)

いわば、行政の中立性に疑問を呈する、といったふうの論である。かと思えば、警察の警備のまずさを指摘する直系組長もいた。

「撃たれた警官には同情するけど、ヤクザのこと、何にも知らん若い巡査ばっかりで組ませるいうのも問題やね。主任ぐらい入れとくのが常識とちゃう? 早い話、若いものだけやったらきょうは空気おかしいとか、そんな情報入らへんもん。まあ桜の代紋(警察のこと)にアグラかいて油断があった。いうたら、プロ意識の欠如いう面があるんやないの」(直系組長F)

たしかに反社会的な理屈にはちがいない。しかし、同時にヤクザの反社会性は重々承知の警察のはずである。一面の真実を突いていることは否定できまい。かつて山口組の某直系組長と兄弟分の関係にあった中立系の組長Gなどは「もともと事件を引き起こした者が山口組内で処分の対象になる事件ではない」とまでいいきってはばからなかった。

「警察が恐ろしゅうてヤクザができるかいうことです。あの事件で『バカやってくれた』いう人間は、打算があるとしか思えへん。そういうのは警察の目ぇ盗んで生きてる。弱い兵隊しかできません、そういうとこは。

親殺されて仇《かたき》とるのは、当たり前やないですか。ひと昔前なら、日本人の最高の美談いうたら仇討ちですよ。まず警官に撃ち込んで動かんようにしてやね、それで爆弾投げ込むいうのは、死を覚悟せんとできんことですわ。これに対して、ほかの組が干渉がましいことというたとしたら、曲学阿世《きょくがくあせい》のヤカラやね。そんなニセモノヤクザとつきあう必要なし、となりますな。わしは、あれこれはやしたてるマスコミも悪いと思いますけどな」（中立系組長G）

山口組内には竹中組内安東会会長・安東美樹が引き起こした山本広宅前警察官銃撃事件を支持する声はたしかに存在した。しかし渡辺芳則ら山口組首脳部の見解はまた別だった。彼らは稲川会や他の中立系団体、兵庫・大阪両府県警幹部とも接し、事件を政治的に見なければならない立場にあった。

戦線離脱

　五月二十二日、神戸市灘区篠原本町の山口組本部で開かれた直系組長会は、本来、戦勝ムードに包まれるはずのものだった。一和会理事長・加茂田重政につづき、幹事長代行・松本勝美の引退が正式に報告されたからである。

　幹事長・佐々木道雄が服役しているこの時点で、実質的に会内ナンバー2と3である加茂田、松本は山口組側の働きかけで相次いで戦線を離脱。その主要組員をすべて山口組の陣営に加えるというのだから、一和会の飛車角を手中にしたに等しい。〝敵軍〟への投降呼びかけはまんまと成功した。

　事実、一和会は二十四日、加茂田重政の除籍、松本勝美の絶縁をそれぞれ決定。山口組側のあげた〝戦果〟を追認する形になった。

「加茂田組長の処分をめぐっては、一和会内にも寛、厳さまざまの論議があったようやないか。結局は山口組vs.一和会抗争で、功績があったんやから、ということで、単に除籍にとどめたようやな。しかも（友誼団体に）処分の状（通知）は回さへんとな

ったと聞いてるな」（山口組直系組長）

にもかかわらず山口組直系組長会には、最初から押せ、押せの高揚感はなく、逆に一種、沈痛の気がみなぎっていた。いうまでもなく十四日の一和会会長・山本広宅襲撃に伴う警官三名傷害事件が大きく暗い影を落としていたのだ。

その上、本部長・岸本才三が、列席の直系組長たちに指示事項を伝えた際には、ひやりとするような緊迫のやりとりとさえなった。竹中組組長・竹中武がいらだちを隠さない声音で、本部長・岸本にこう念を押したのである。

「（組内に警官銃撃を）やったものがいれば、（警察に犯人を）出してほしいんや、と。今後、警察や市民に銃を向けたものは（山口組として）処分する、と、こういうことなんやな」

「そうや」

岸本本部長は大きくうなずいた。

伝達のしかたがいささかわかりにくかったことはたしかだが、それ以上に、竹中武が山口組執行部に対して「いったい、事件を評価するのか、罰するのか」態度をはっきりするよう鋭く求めたと取れる発言でもあった。

兵庫県警は二十四日、事件は竹中組の犯行と断定したが、すでに直系組長会開催の二十二日には、竹中組系の容疑が濃いとの情報が洩れ出ていた。竹中武が示したいらだちは、そうした情報と、それへの執行部の反応とを敏感に察した上でのこと、と見るべきだったろう。

兵庫県警は二十八日、安東美樹を爆発物取締法違反容疑で指名手配。山本広宅襲撃犯の一人と見て行方を追っていた。予期されたことだが、事件にかける警察の執念はすさまじかった。

警察庁は二十四日、全国の暴力団取締担当課長ら六十九人を集め、「全国暴力団取締り主管課長会議」を東京・千代田区の半蔵門会館で開いた。会議には警察庁長官・金沢昭雄みずから異例の出席をし、山口組の壊滅に向け、徹底的な集中取り締まりをするよう全国に号令した。

それ以前、すでに兵庫県警を中心に、山口組系各組に対し、摘発の手が伸びている。賭博、暴力行為、殺人予備、銃刀法、火薬類取締法違反など、あらゆる法令を使っての犯罪洗い出しである。

まさしく山口組は「ハシが転がっても山口組のせいにされる」（山口組系組員）非常

事態を迎えた。山口組vs.一和会抗争変じて、新たに山口組vs.警察戦争の勃発である。

「警察のいうことを素直に聞いとったら、大きゅうはなれません。山口（組）がここまでなれたのは、結局は今まで警察に叩かれ、叩かれしてきたからですわ」（山口組幹部）

警察のいいなりにならないのは山口組の歴史ではあっても、いまだかつて山口組は警察官を故意に狙い撃ちしたことはない。警官襲撃事件はあまりにも衝撃的だった。

「関東の組織とのおつきあいで事件後、ゴルフコンペがあったんやけど、会う人ごとに『ずいぶんと思いきったことをしてくれたもので』と嫌みをいわれる。それで頭を下げどおしやったと（山口組の）幹部がこぼしてましたわ」（山口組関係者）

事件は年内決定と目される五代目問題へ波及することが必至となった。

「要するに直系組長たちが事件をどう見るか、です。横紙破り、統制違反と取るのか、それとも紙一重の差で親の仇討ちに失敗した気の毒な例と見るのか。警察がいうとおり、竹中組のやったことなら、これはことです。再び分裂という事態を招きかねない」（山口組直系組長）

五代目どころではない。分裂するまでの激震に見舞われかねないとの指摘があった。

なぜなのか――。

「竹中武組長の位置があまりにも重いからですよ。中西（一男）代行の地位は、正式には、『四代目組長代行』いうんです。おやじ、つまりまだ竹中正久の代ということになる。その実弟が武組長ですよ。

しかも抗争中には一番の働きをした。一和会幹部の首をあげたのは、竹中組だけやないですか。加茂田重政を引退に追い込んだのも武組長ですよ。その武組長がこの問題で山口組を出ざるをえんようになったら、どうなります。残るのは中西代行と渡辺の頭《かしら》だけでしょう」（直系組長）

つまり五代目の有力候補である組長代行・中西一男と若頭・渡辺芳則では、調整がつかない。竹中武がいてはじめて跡目問題は調整が可能というのだ。

警察の狙い目は実にここにある、と大阪府警詰めの記者も観測した。

「執行部はなめられとんのとちゃうか、と。いったん決まった抗争終結を大きく破るハネッ返りもんをそのままにしといて、ええのかと。それも警官を撃つような大それたマネしくさって、と。これで、警察が山口組を揺さぶりにかかる。現に、ホシを差し出せ、犯人を出した組は処分せい、と、圧力を加えてますもの」

この時点での有力五代目候補は前記したように、中西一男と渡辺芳則である。一時は代行補佐・益田佳於の名も取りざたされたのだが、一歩おくれをとった感があり、旧安原会系の九直系組長は渡辺で一本化する可能性が高まっていた。

各派に通じる中堅の直系組長によれば、それでも、「誰を推すか、最終決断しとるものは二十人くらいやろ。あとはみな半身の構えやね。誰がなったらわが身のトクか、いうんで、七分がた渡辺で、三分がた中西とか、そういうのがまだまだ多い」となる。ちなみに五代目問題はさんざん取りざたされながら、当時まだ誰も立候補の意思を正式表明していなかった。そのくせ、候補者間の対抗心はなかなかのもの、という難物である。

竹中武の見方

五代目のダークホース的存在に、竹中組組長・竹中武がいたことはたしかだし、直系組長間に一定の支持基盤を持っていた。ただしその隠然たる力のほどは、直系組の組員にさえ十分には知られていなかった。

「武組長いうたかて、兄貴（四代目・竹中正久）の七光りなんやろう思うとったけど、ちがいますな。うちの親分（阪神地区の直系組長）のお供で、直系組長会に出て、びっくりしましたね。当人はむっつり座っとるだけやのに、そうそうたる親分連中（直系組長）がみな頭下げよる。幹部のものかて武組長には敬語つこうて。どっちが幹部か、わからへんぐらいやね」（直系組の組員）

しかしこの竹中武は八七年四月、筆者がインタビューした際、五代目組長に就く気もないし、五代目の執行部にも入る気もない。山口組が割れないように努めるのが自分の務めだし、それが三代目や兄の四代目に対する供養と考えると明言していた。

——山口組の五代目が誰になるか、取りざたされている。

竹中　今、ぜんぜん、そんな話は出てへんけど、やっぱり話し合いせなあかんし、かりに今からスタートしますというても、山口組のみんながまとまる形でするには半年や一年はかかるやろ。

こういうことというのも、山口組が前に苦い経験してるからや。八二年の六月五日に山広（山本広、一和会会長）が組長代行になって、兄貴が十五日に若者頭になった。ところが兄貴は八月二十六日に所得税法違反で捕まって、九月の五日に山広が四代目組長の立候補宣言をした。反対の声が出て、九月十五日に入れ札で決めるとかなったらしいけど、ここでよう考えてもらいたいのは、それならなぜ六月時点で、代行や若頭を決めたのか、ということや。

わずか三ヵ月の役やったら、決める必要などないやないか。兄貴が捕まったのを幸いみたいにして、立候補するから溝ができるもとになった。

わしら、その時分は山口組の直系やなかったから、口を入れることはせえへんけど、それでも兄貴には「若者頭みたいなもんやめときな」いうたった。

——とすると、今、五代目を決めると、その過ちをまた繰り返し再び分裂も招きかねないと。

竹中　いや、それはないわ。それをしたらあかんさかい、やっぱり時間をかけて、よく話し合いせなァ。

——人によっては、組長自身が五代目候補だとか、五代目の若頭候補だとかいうが。

竹中　今はそんな話、出てへん。出てへんけど、五代目の話が出たら、誰がなっても山口組からなるべく欠ける者が出んようにする。山口組がまとまっていけるようにするのが三代目に対しても、兄貴に対しても、わしは一番の供養と思うとるから、五代目になるとか、幹部になるとかは考えたこともないわ。

——五代目の決め方は難しいと思うが、基準というのはあるか？

竹中　やっぱり皆に信頼されとる者がなったら、ええんやろがい。それと、ええことと悪いことと、中にも外にも、はっきりテキパキといえる者が望ましいな。まあ、皆に頼み回ってなるものとちがう思うわ。好き嫌いの少ない者で、公平な目で見れる者がええんとちがうか。

——そうすると、組長とすれば、そういう候補のために協力すると？

竹中　そや。もし五代目問題が出たら、こっちはまとめたる。一人でも欠けんようにするのがわしの役目やからな。

——日本最大の山口組をまとめていくんですから、五代目になった人もたいへんでしょう。

竹中　そら苦労が多いやろ。人数みたいなものは関係あらへん。弱い者が何人おったって、あかんものはあかんわけや。小さいいうたかて、なめたらあかんし、錯覚したらあかん。

——そういえば最近、各地で小さな抗争事件が増えている。

竹中　やってもやられても、話し合いで解決しようという考えが広がりわたっとるから、かえって逆に増えるのとちがうか。たとえやったところで、香典出せばすむという甘い考えが広がっとるからな。

要するに抗争の持つ重大性いうんか、それがわかってないのや。話し合いですんで喜ぶような組織ばっかりとちがうんや。

竹中組組長・竹中武は、

①四代目組長・竹中正久の実弟である、②山口組vs.一和会抗争での戦歴、③五代目に意欲なし——の三点で、これまで五代目決定のキーマンだった。

ところが、ここにきて警官襲撃事件である。右の優位点も消し飛ぶほどの〝減点〟と考えられなくはない。

問題は渦中の竹中武が状況をどうとらえていたかだが、側近や周辺筋からの情報を総合すると、おおよそ次の観測ができた。

①竹中組系組員の犯行なら、皆に迷惑をかけたことであり、申し訳ない。

②その後の報道によれば、警官襲撃が目的でなく、山本広宅襲撃が目標だったように見受ける。警官襲撃は実に許されないことだが、あるいは当事者にしかわからぬ突発事ということも考えられる。ただ、実行犯が竹中組系であろうと、そうでなかろうと、四代目の弟としては、あえて強行した組員の気持ちは買わなければならない。

竹中武は、「ふだんから交わりを求めていく人とちがう。自分とこの若い衆と親しく接することを喜びとする人やから、ほとんど外歩きせえへん。ふだんと同じく岡山にじっとしてます」（親しい直系組長）。

竹中武については、当時から脱退するという情報が流れていた。最悪の場合、山口組を出る覚悟がある、というのだ。

「すでに野球賭博容疑（無罪）で岡山拘置所におった時分から（八六年）、山口組に迷惑かけるようやったら、組を出てもええ、と中西（一男）代行に洩らしとったいうからな。しかし、武組長を外に出したらあかん。あの人がおるからこそ、一和（会）もここまで崩れたんやから。

今後、役につくか（幹部になる）、つかんかに関係なく、山口組の支えでありつづけると、わしは思うてます」（親しい直系組長）

だが、結局竹中武や竹中組に対する処分はとられなかった。竹中武自身は「山口組に迷惑をかけるようやったら、山口組を出てもいい」との意向を洩らし、警察官襲撃事件を引き起こした配下の安東美樹をかばい、安東の事件に殉ずる姿勢を示した。

なぜ山口組内での処分はなかったのか。

ふつう処分という場合、実際上は謹慎、除籍、破門、絶縁の四段階が考えられるが、このうち破門、絶縁はもともとありえないと古参組長は指摘していた。

「なんでかいうたら、中西一男組長代行以下の執行部は、誰も竹中組長と盃を交わしてないからです。親子の盃を交わしてないのに破門、絶縁ができるわけがない。不可能やね」（直系組長）

では除籍はありえたのか。これも可能性は絶無だった。二つの根拠がある。まず一つは、山口組執行部の姿勢である。

「四代目が亡くなってから、毎月の定例会（直系組長会）は命日に合わせて二十七日になってます。事件があった五月だけは、臨時定例会いうことで、二十二日に開いた。いうたらこれは執行部の警察対策、マスコミ対策ですわ。今後、行動は自重してくれというに決まってると思うとったらやっぱりそういうたわ。単にそれだけのことですわ。警察のメンツを、いちおう立ててやらなしょうがないいうだけのもんやね」

（中堅組長）

二つ目の根拠は、竹中武の山口組に占める位置に関係した。もちろん四代目の一直系若衆に違いないのだが、もう一つの面をないがしろにはできなかった。

「四代目襲名と同時に山口組の全権限は田岡家から竹中家に移ってますわな。五代目を決めるいうたかて、竹中家が了承せんことにはムリなほどなんやからね。そういう竹中家の代表が武組長なんやから、そら、処分をいう方がムリというもんですわ」

（四代目舎弟）

直系組長なら、この程度の仕組みはとうに承知している。したがって、陰ではとやかくいえても、面と向かって処分を主張できるものではないと、この組長は断言した。

「武組長は、いうことはズバリいうからね。そら、はっきりいうて（武組長が）煙たいもんはおる。しかし、いうことはほとんど筋が通ってるし、根性もしっかりしとる。しかも、竹中組が今回（山・一抗争で）いちばん闘ってるし、犠牲も出してますわな。誰もよう（武組長の）頭押さえができんで当然ですわ。執行部かて当たらず触らずいうところとちゃいますか」

主勢力の脱落

山本広宅前警察官銃撃事件から一週間後（五月二十一日）、一和会の実質上のナンバー3である幹事長代行・松本勝美が自らの引退と、その率いる松美会の解散を決めた。加茂田重政につづく一和会崩壊への第二弾である。

松本勝美への切り崩し工作には若頭・渡辺芳則、若頭補佐・宅見勝、同・桂木正夫らが当たったとされるが、直接の標的とされたのは松美会若頭・小條鎮生らの若手である。一和会傘下組織の崩壊は多くの場合、末端から始まっていた。

①まず末端組員の結集率が悪くなる、②それに伴い、経済面が悪化、③中堅幹部層に動揺が広がる、④一和会のままでは自分の将来がないと考える、⑤知り合いの中立系ないし山口組直系組の幹部に連絡、事情を話す、⑥相談を受けた幹部はその組長

(中立系か山口組直系組)に報告、⑦組長はさらに山口組有力組長に伝達、おおよその条件が出る、⑧一和会直系組の幹部層(若頭、若頭補佐クラス)に、その直系組の組長に対する条件(引退、解散、脱退)を伝達、⑨幹部層による組長説得工作(下ごしらえ)、⑩山口組有力組長の直接、または第三者を介しての、一和会直系組長に対する工作。

——おおよそ以上の過程で、一和会の崩壊が進んだが、松美会の解散も同様のケースだった。おおよそいつ、どのように山口組からの接触が始まったか不明だが、松美会若頭・小條鎮生らはすでに五月三日、松本勝美の誕生パーティの折り、引退・解散の件を持ち出していた。小條らの説得に松本勝美は結局、引退・解散を諒承、その旨、山本広に電話で事情を伝えた。もちろん山本広は思いとどまるように説得したが、松本勝美の気持ちは変わらなかった。

二十一日、小條鎮生は「解散声明書」を記し、宅見勝に送った。

此の度、一和会幹事長代理を務めおりました松美会(会長・松本勝美)は昭和六十三年五月二十一日付けで解散致しました。

今回の解散によって、私達親分　松本勝美は堅気になりました。仁侠の志を捨てきれない私若頭小條鎮生以下、組員は山口組に戻ります。(中略)猶、抗争によって不帰の人となった多くの方々のご冥福を祈り、獄中にある人々の御健勝を祈り、解散届の宣言文と致します。

昭和六十三年五月二十一日

松美会若頭　小條鎮生

四代目山口組若頭　渡辺芳則様

この段階で松美会の組員の多くは、山口組直系一心会や倉本組に吸収されることに決まっていた。とすれば、実際に小條らに接触し、松本勝美への説得工作を展開したのは一心会会長・桂木正夫や倉本組組長・倉本広文の系列だった可能性は高い。だがこの解散声明書の宛先は組長代行・中西一男ではなく、渡辺芳則である。渡辺に花を持たせる、つまり渡辺の功績にして渡辺の五代目就任に道を開こうとするグループがすでに存在、活動を強めていたことは自明である。

ついで一和会の組織危機は、一和会の旗本ともいうべき山本広じきじきの組織にまで及んでいった。

一和会理事長補佐・福野隆(佐世保市)は十年来、山広組舎弟として山本広に仕え、一和会発足時に直系組長に取り立てられた。だが六月十日、一和会を脱退し、組事務所から一和会の代紋をはずした。

福野隆の脱退理由は、福野の次女の夫が山口組系小西一家(総長・小西音松)内迎組組長・迎正剛だったことにあるとされる。福野は一和会と、次女の縁から山口組とに引きさかれ、その板バサミ状態から脱するため一和会を脱退したというのだ。

だが、実はこうした私的な事情のほかに、福野は山本広に強い不信感を抱き、批判的だったから、一和会を脱退したとの情報も流れた。脱退を決め、事前に山口組の某に話を通したおり、福野自身がこう語ったという。

具体的には山広組元幹部、後藤組組長・後藤栄治(三重県津市)の処遇をめぐってである。周知のように後藤は竹中正久らを射殺した1・26事件で、長野修一らヒットマンに殺害計画を示し、実行させ、事件直後には後藤組を解散、引退するといいながら、そのまま逃亡、潜伏をつづけている人物である。

この後藤と福野隆は旧知の関係にあった。後藤はかつて佐世保で刺青師をしていたが、その時代に福野と知り合い、福野の世話で三重に移り、山広組に所属することになった。ところが1・26事件で後藤は竹中正久らの射殺に成功しながら、山本広はあとの手当てをまるでせず、結果的に後藤を見殺しにすることになった。

これで福野は山本広に対し、人を使い捨てにするのか、もうついていけないと感じ始めた、とされる。事実なら、福野の脱退は個人的事情のほか、いわば山本広への不信感が原因となる。その分、一和会の危機はより深いというべきだったろう。

この一週間後には、一和会常任幹事・中村清（名古屋）が中村署を訪れ「ヤクザから足を洗う」と中村組の解散と、引退を届け出た。一和会は加茂田重政の引退と警官襲撃事件で大きく揺れ、壊滅への坂道を急速に転がり落ち始めていた。

追いつめられた一和会会長・山本広

当然、一和会会長・山本広はこうした事態に強い危機感を抱いた。山本は六月二十二日の一和会定例会で「この辺でみんなの肩のコリをほぐしてもらおう」と、鹿児島の温泉に行くことを提案、七月四、五、六日の三日間、バス二台を列ねて観光旅行となった。この費用は全額山本広持ちである。山本とすれば、一和会幹部の団結を固め、これ以上脱落者を出さないようにと、祈るような気持ちだったろう。

ところが酒を飲んで頑張ろうと気勢をあげ、温泉につかって裸と裸のつき合いになったと思った瞬間、ひそかに一和会解散に向けた多数派工作が行われ始めていた。山本広の理解ある穏健、温情主義はさっそく足元から裏切られたのである。

浮き足だった一和会幹部に対して山口組が突きつけた条件は、まず山本広は引退、一和会は解散せよ、さすれば山本広の命だけは保障する、というものだった。

たとえば当時(八八年六月)、渡辺芳則は山本広の置かれた状況をこう読んでいた。

「山広は、俺のあくまでも私観やけど、引退したいと思うんだ。これはもう腹に九〇パーセントある。あとの一〇パーセントは世間体を考えてるだけいうのが偽らざるところちゃうかと思うけどね。

加茂田(重政)と山広がちがうところは、引退した後の自分の命の保障いうものや。これが六割ぐらい、山広の引っかかりになってるところとちゃうか。だから『命の保障はしましょう』とこっちがいえば『じゃあ引退しましょう。だけど誰が保障するんや』と聞いてくると思うわね。

そのときに山広の納得できる完璧な命の保障があったらね、あしたにでも解散すると思いますわ。というのは、向こうの連中は、おそらく山広以外、山広にもう引退してほしい、解散してほしいいう気持ちあると思うわね。もう生活環境からしてドタン場まで来てもとるからね。

そやから一番ええのはね、山広の立場とすれば、(組織が)崩れて一兵もおらんようなみじめなことにならんうちに、しかるべき人が入ってでもええから、『助けてくれ』と。『命さえ助けてくれたら引退、解散、所払い、どんな形でもとる』と、ここまで今、山広がいうべきや思うね。山口組とすれば命の保障する場合、山広が堅気になってもここ(神戸)におったんじゃ、もう一つ納得いかんところがあるからね、どっか田舎にでも引っ込んでもらう、と。それしかないわね。あとはもう最後まで狙っていくしかないわな」

結果的に渡辺芳則のこうした見方は九ヵ月後、現実となった。

だが、竹中武の見方は、それには過程があろうというものだった。1・26事件のヒットマンの多くはまだ刑も確定していない。およそ二十年後といった彼らの出所までは待てないとしても、最低限、刑の確定後、服役を見送ることは統領としての務めである。それまで山本広は引退など飲めるわけがない。だから組織的に揺さぶるだけ揺さぶり、山本広に徹底的に観念させなければならない――。

竹中武のこの見方も結果的にその通りになった。山本広の引退、一和会解散声明は、大阪高裁が検察、弁護側双方の控訴を棄却、一和会系悟道連合会会長・石川裕雄(四十歳)、同広盛会幹部・立花和夫(五十六歳)に無期懲役を言い渡した翌八九年三月二十日の一日前のことである。

「ヤクザいうもんはね、殺すも仇討ち、(組織を)つぶすも仇討ちになりまんね。カッコとしたら殺してつぶすのが一番ええわね。そやけど今の状況で、相手は殺されるいうのわかっとんのやから、はたして(殺すまでに)何年かかるんかわからんわね」

渡辺芳則はこうも語った。現実主義の立場である。だが、それを実現するまでには、暴力的な脅威を与えつづけることが必要、というのが竹中武の論だったろう。二人の関係はこの頃から対立を深め始めていた。

渡辺芳則と竹中武の対立

竹中武の気持ちが渡辺芳則から離れ始めたのは、警官銃撃事件の評価をめぐってである。もちろん竹中武も「警官は殺しても可」という過激派ではない。主犯が竹中組内安東会会長・安東美樹と判明した時点で、竹中組の総会でこう述べている。

「安東から連絡があり次第、俺のところに来るようにいえ。今のままでは山口組のみんなに迷惑をかける形になってんのやから（警察に）出す。たとえ刑が二十年だろうとかまへんやないか。（警官銃撃事件で）逮捕状が出たら、よけい（俺のところに）来にくくなる。だから早ければ早いほどええ」

安東は命をかけて山本広宅襲撃を強行した確信犯である。事件から二ヵ月後マスコミに宛てた手紙にも、

「この度の一件で世間はとやかく言っている様だが、〝評価〟などという問題は通り越しており、ヤクザとしてやられた事をして返すというだけの事。その目的達成の為には、我が命を捨て、手段を選ばずのみである。ただ、この度、犠牲になった（実際

は負傷）三警官の方々には、本当に申し訳ないことをしたと思っている。この場を借り心よりお詫び申し上げる。しかしこの三人の方々は若いにもかかわらず、向こうの組員よりも数段しっかりしていた。その勇気に、心より敬意を表する」

と、強行した心境を吐露している。こういう安東が竹中組と竹中武に迷惑をかけないため、事件前後からいっさいの連絡を絶ったとしても当然だったろう。

しかし竹中武は安東の犯罪は犯罪としても、その強行した気持ちは高く買おうとした。だから渡辺芳則の評価「シャブうってやったとしか思われへん。プラスになること、一つもあらへんやないの」に激しく反発した。おりしもこの年一月、二代目山広組事務局長・浜西時雄を射殺した二代目山健組内安部組幹部・井上浩が覚醒剤の使用で川西署に取り調べられている際中、犯行が割れたことから（八月八日）、「自分の組のもんがシャブ中やろがい。これから上に立とういう人間が、組のためを思う若い者の気持ちを買ってやれんでどうするかい。そういうことでは強い山口組になれんわな」と五代目候補、渡辺芳則に大きな疑問符を呈したのだ。竹中武が渡辺芳則の親子盃は飲めない、と心中ひそかに思い始めたのはこの頃からだったろう。伝統的暴力指向の典型が竹中武だったのである。

だが暴力団も山口組ほどの大きさになれば、ものをいうのは政治的判断である。渡辺が警官銃撃事件を退けたのは、現代暴力団の主流の考えに則っていた。たとえば当時（八八年七月）、稲川会会長・石井隆匡は渡辺を評して、

「渡辺は柔軟性を持ってるし、世間じゃあれを武闘派っていいますけど、決してそんなもんじゃないですよ。（渡辺は）人の話もよく聞くし、自分の考えも主張する。（五代目は）そういう人じゃなきゃダメですよ。時代はもう大きく組織化されてますからね。（山口組には）何万人もついてきてるでしょう。だから強いばっかりがこの渡世じゃないですよ」

と述べ、渡辺の五代目就任を断固支持したのである。

クーデター計画

一和会風紀委員長・松尾三郎などに対する山口組からの工作は、渡辺芳則らが主張する「一和会解散、山本広引退、山本の生命保障」の線で進められた。松尾自身が当時、週刊誌のインタビューに、こう事情を明かしている。

「実をいうと、四代目山口組の誠意で、一和会にはまたとないええ話がもたらされておったのや。一和会が解散して、時を同じくして山本会長が引退すれば、山口組は以後、山本会長を狙わないいう誠意のこもった話や。あれだけのこと(竹中正久らの射殺)をやったんやから、こうした誠意を示してくれた山口組には、一和会の者全員が感謝せんとあかん思ったのや」

山口組の打診を受け、六月中旬、一和会の一部幹部は山本広の引退を進めるべくひそかに寄り合いを持った。七月初めには山口組、一和会双方の直系組長四人が集まって具体策を話し合い、一部幹部たちは山口組の要求を容れることにした。つまり可能なかぎり多くの一和会幹部を「解散、引退」賛成で固め、その事実をもって一挙に山本広に迫り、否応なく引退を決断させるという最終戦略である。

こうして松尾など解散派の幹部たちは説得工作に入った。一和会の鹿児島温泉旅行も、おたがい膝つき合わせて本音を語り合う場として利用された。彼らの名分は、会長・山本広の身の安全と、将来、山本が安穏に暮らせるという保障を得る、つまり一和会解散が山本広のためだということにあった。

だが、ありがちなことだが、解散派の動きは山本広や一和会護持派に筒抜けになった。結果、山本の許可をなんら得ることなく、敵である山口組に通じ、解散、引退を策するなど利敵行為、クーデターに等しい、と反発された。

「命の保障いうて、だいたい山口組の人間のうち、誰がそれをできるいうのか。山口組の全員がそろっているときに、全員が『保障する』いうなら別やが、それはしょせん不可能やろう。……とにかく脱会派のホンネは自分は(一和会を)出て、気楽に生きたいいうことなのや」

二代目山広組組長・東健二は週刊誌のインタビューに答えて、こう解散派に反論したが、この発言が竹中組を念頭に置いたものであることは容易に察せられる。竹中武が命の保障をしないかぎり、山口組の約束は反故《ほご》に等しい。

同様に一和会執行部の一人大川健も別の週刊誌にこう答えた。

「山口組内部にも幾つかの大きな流れがありそうに思いますわ。そうした流れの一つ一つがそれぞれに、一和会への方策なり戦略を持っているのとちがいますか。ただ、竹中組の強硬な姿勢は、私たちも、ハッキリと認識していますよ。……早い話が、例の会長宅襲撃事件です。むこう(竹中組)はむこうなりに、今後とも手をゆるめてくることはないはずです。むこうには、むこうなりに極道の筋があるように、こちらもそうです」

こうして一和会解散の最終戦略は頓挫《とんざ》したかに見えた。だが、この大川健が率いる大川健組組員が解散派の松尾三郎を狙撃、事態は逆転した。

一和会壊滅

七月十二日、一和会風紀委員長・松尾三郎は組員三人にガードされて、大阪住吉区の自宅を出た。この日、解散派と目される幹部だけを集めて、神戸の一和会本部で寄り合いがある。それに出席しようとの外出である。

松尾が玄関前で車に乗り込もうとしたとき、近くにたむろしていた同じ一和会系大川健組の組員二人が奇声をあげて松尾の五、六メートル先まで突っ込み、いきなり拳銃三発を発射した。弾丸は松尾の胸先をかすめ、ボディガード役の松尾組幹部・中辻克行の首、背中に当たって重傷を与えた。

一和会は終末期にふさわしく同士討ちの段階に入ったといえる。護持派が遅ればせながら、解散派に制裁を加えたわけだが、結果はウラ目に出た。解散派はこの襲撃をいいきっかけとばかりに公然と七月十五日までに一和会を脱退した。狙撃された松尾はもとより、組織委員長・北山悟、特別相談役・井志繁雅、同・坂井奈良芳、同・大川覚、本部長・河内山憲法（こと河内正義）、理事長補佐・浅野二郎、同・徳山三郎、副幹事長・吉田好延（こと吉田義信）、事務局長・末次正宏、常任理事・片山三郎と脱退の一和会幹部は一挙に十一人にも及んだ。

「一和会を結成して四年、それこそ命を張り、寝食を忘れて一和会の発展のために努力してきたが、結果的にそれも水泡に帰してしもうた……。ま、徒労やったいうことや。むなしいの一語に尽きます」

脱退後、松尾三郎はこう語ったものである。

一和会は七月三十日、これら脱退幹部を絶縁、破門、引退処分にし、山本広が初めてマスコミの電話インタビューに答えることになった。

「わたしの引退、一和会の解散などということは絶対ありえない。ヤクザが命を張るのは当然のことなんですから。だいいち、今わたしが引退するなど、最も卑怯《ひきょう》なことですよ。山口組との抗争で一和会のために命を犠牲にしていった多くの組員の霊を守っていくのがわたしの使命だし、また、懲役に行っている多くの組員が帰ってくるのを温かく迎えてあげるのもわたしの義務なんです。それに加えて、現実にわたしは多くの子（子分）を抱えている。そういう重い立場にあるわたしが、自分の命惜しさに引退するとか、一和会を解散するなど、できるわけがないでしょう」（『週刊アサヒ芸能』一九八八年八月二十五日号）

山本広とすれば当然の言葉である。だがこの間に一和会の勢力は「抜ける者より残っている者を数えた方が早い」といわれるほどに激減していた。結成当初、約六千人の組員で発足した一和会が、加茂田重政の脱退前には約千人にしぼんでいた。その後約三百五十人を擁した加茂田、五十人の松本勝美、百五十人の福野隆が相次いで去り、実質四百五十人となった。その上に十一直系組長とその組員の脱退である。残存勢力はわずか百五十〜二百人にすぎない。四年間に三十分の一の激減は、むしろ壊滅に近い惨状というべきだったろう。

だが山本広は自宅にこもり、断固、解散、引退を肯《がえ》んじなかった。

第五章　五代目取りの構図

二代目山健組の膨張

一九八八（昭和六十三）年の初めまでは五代目組長の決定が先で、抗争の最終解決はその後と、おおよそ山口組内の総意は固まっていた。組内の誰しもが対一和会問題は前年の抗争終結で終わらず、なお長引くものと覚悟を決めていたのである。

だが五月、一和会理事長・加茂田重政が引退を決め、本部長代行・松本勝美の引退とつづいた。これで山口組内の世論は一挙に、一和会問題の解決近しに切り換わった。どうせなら一和会問題をきれいに片づけた上で、五代目を決めた方がいい。「功績づくり」という思惑も働き、執行部以下、各直系組長が競って対一和会の話し合い交渉、つまりは一和会切り崩し工作に入った。

その結果、5・14警官銃撃事件、7・12一和会風紀委員長・松尾三郎狙撃事件とつづいた後、きびすを接して一和会有力十一組長の脱退となった。だが、これで一和会問題は打ちどめとならず、さらに一和会壊滅、会長・山本広の引退、あるいはとりわけ竹中組にあっては山本広抹殺《まっさつ》を大目標に、対一和会問題は継続した。

途中、離脱した一和会系組員の配属問題もあった。山口組系の組のどこが彼らを拾うのか、戦果の分配に五代目問題はしばらくお預けになった。

だが、それもようやく一段落である。再び五代目問題が浮上してきた。知られるように五代目候補は次の二人である。

中西一男（四代目組長代行、大阪南、一九二二年十二月生）

渡辺芳則（若頭、神戸、一九四一年一月生）

誰が見てもこの二人が候補であり、当人たちもその気になっていたが、ただ二人とも明確に出馬の意向を示したことはそれまでになかった。五代目問題そのものが執行部会や総会（直系組長会）の席で一度として取り上げられることがなかったのである。すべてが水面下の綱引きで進められた。また一時、益田佳於（組長代行補佐、横浜、一九三〇年十月生）が組長への意向を示したが、これは短期間で撤回している。

中西と渡辺の対抗心は当時すでに相当なものがあった。中西は中立系組織のトップに五代目問題をきかれた際、

「五代目に誰がなるかは決まっていない。だが、誰がなってはいけないか、それだけはハッキリしている」

と、きっぱり答えたほどである。いうまでもなく当時の中西にあっては、渡辺だけは五代目になってはならない人物であった。

対して渡辺も中西を「年寄り」と呼んで、競争心の火花を散らせた。筆者が一九八八年六月、渡辺にインタビューした折り、渡辺は五代目問題について次のように語った。以下、渡辺談話の主要部分を紹介しておこう。

「俺はね、跡目みたいなもん、どっちでもええ……今日（五代目体制が）出来るか、あした出来るか、どっちでもええと思とるわけだ。だけど俺の考えは（五代目の決定が）延びれば延びるほど、俺のところ（二代目山健組）は力がついてくると、そういう計算になっとるからね。事実、一日、一日（山健組の組員数は）膨《ふく》れてきよるからね。そやから、今日より明日、明日より明後日で、一年たてば一年たつごとに俺の部隊は組織を作ってくるからね。

年寄りが（五代目の決定を）延ばそうが、延ばそうと躍起《やっき》になろうが、別に何の問題もない、と。反対に俺は力をつけていく、と。こういうことはじめていうんやけどね。

俺はたとえば（五代目の決定が）一年でも遅れたら、（山健組を）五千人ぐらいにしたろと思とるからね。ほんで出来あがったら、それぞれ体制を作って、ここはこっち方面、あっこはあっち方面と、それこそミサイルをあっちこっち向けとったろ思とるからね。それを使わんですむなら、それでええ。そやけど、ミサイルぐらい見せとかんと、勘ちがいする馬鹿者がおるからな。もう今（山健組の構成員数は）三千を突破しとるからね」

つまり渡辺は対一和会抗争での功績より、その率いる二代目山健組の膨張が五代目決定の必須事項と考えていた。たしかに人数は力と映る。同じ山口組の直系組長でも、渡辺の五代目組長就任に反対し、敵対関係に入ったとすれば、おのずと渡辺が率いる組員数に思いがいくのは自然である。二代目山健組の五千人にも及ぶ肥大化は山口組の対外的な戦力である以上に、渡辺の対山口組五代目取りの主要戦略であった。

渡辺のこの認識に間違いはなかった。山口組は当時八十六の直系組からなっていたが、抗争の期間、目に見えて勢力を加えたのは二代目山健組をはじめ、弘道会、宅見組、倉本組、小西一家などである。中西一男は穏健派で通り、組活動は以前から低調だった。組長代行だからといって組員数は著増していない。また竹中武の竹中組は「兄を殺した一和会」という考えが強く、対外的にも竹中組の直系に元一和会系の組員を加えることははばかられた。少数のものが枝の組に加えられた程度で、約一千人の体制で推移していた。

つまり飛躍的に勢力を伸ばしたのは、のちに渡辺を五代目に支持する直系組に限られたといっていい。弘道会は八八年六月時点で約八百人の組員数だったが、三ヵ月後には一千五百人とほぼ倍増を果たしている。

渡辺芳則の資質

二代目山健組は八八年六月、熊本の名門、大門会会長・大関大を渡辺の舎弟の列に加え、大関の率いる組員約百五十人をその勢力下においた。これで熊本での山健組は四百人弱となり、県下暴力団構成員数の六〇パーセントを押さえたという。同様に長崎県も八〇パーセントまで山健組の系列とした。本拠の神戸市には山健組系の組事務所を十一も置き、渡辺の直系組員は八十三人を数えた。

山健組内の各直系組織はそれぞれに勢力を伸ばし、中でも若頭・桑田兼吉の二代目健竜会は組員三百人を擁し、山口組の直系組長をもしのぐ勢力を示した。こうして山健組は山口組二万人体制の四分の一近くの構成員を持つに至ったのである。

渡辺は大勢力を背景に五代目就任に強い意欲を示した。水を向けると、早速こう答えた。

「今でも自分個人としては（五代目を）やりたないわけですよ、正直いうて。そらスムーズになれるんやったら、（誰でも）上になればなるほどええわけやし、そういうロマンは持っとるやろけどね。そやけど、どないしてもなりたいんや、という執着心は（自分に）ないわけ。ただ俺が（五代目につき）苦労して山口組にプラスになるんやったら、苦労はするよ、と。そういうの俺なんか生き甲斐としよるからね。

そやから、山口組の者が、俺より誰々がええぞと過半数以上がいうんやったら、俺もおそらくその者（が五代目につくこと）に賛同できる気持ちになるやろしね。

そやけど、みんなが（俺以外の者に）賛同せえへんから、また俺もやっぱり人を見る目がないことはないしね（つまり見回してみて渡辺以外に適当な人物がいない、という意味か）。俺は今まで『俺がやりたいから頼む』ちゅうようなこと言うたことは一ぺんもないしね。なんかうやむやのうちに俺が押し上げられたような形になっとるからね。

ほんで、俺に別に欲がない、（五代目に）ならんかったら、ならんでもええねや、と（思っている根拠は）どこにあるか、いうたらね、自分のことだけ考えたら、まず跡目取るより（取らない方が）気が楽ですわね。自分の組（山健組）やったら、自由になるわね。俺が先代から預かって、作り上げてきた。俺の手の内にあるわけやから。そやから、俺さえ間違った生き方せんかったら、安泰でいくわけだ。

今の状況やったら、まだゴルフも行けるわね。これ跡目とってみなはれ、どないなりまんね。俺もまだなんぼか遊びたい気持ちもようけおまんがな。跡目でも取ったら、それこそ隔離されたような状況になってまうわね。

こんなん（五代目就任は）結局、人のための犠牲みたいなもんやね。場合によったら、こんなもの（山口組組長は）次の代でやっても年代的には遅うないし」

こうした語りに渡辺の人柄や五代目取りの心理が読みとれよう。相応の自負心と使命感、渡辺の言葉はごくごく平凡に近い。暴力団の特異性を感じさせず、一般にきわめてわかりやすい。

「そやけど、俺を信頼してきた人間に対して、俺が勝手に我欲だけ出して『俺は（五代目を）やらん、何某になってもらえ』とかいうたら、推薦してくれた人間に対する裏切り行為になってまうからね。『なんでや、俺らがこれだけ頭《かしら》を頼っとるのに、頭自身、そんな考えでおったんかい』と。それで、これはあかんな、と。やっぱり俺はみんなが思っとることをせなあかんのかな、という気持ちがあるだけでね。

そりゃ、今やったら俺は楽ですよ。山口組の若頭もしてなくて、（組内の）何番手かにおって、じっとしとったら、遊び放題やし、喧嘩したからいうて、別に人に（応援を）お願いせなあかんような組織でもないしね。ちょっと銭儲けでもしてやろか思たら、出来んこともないしね。……今の状況じゃ、ヤクザ者は肩書が上がるほど金儲けから離れていかなあきまへんね。山口組でも、たとえば跡目となったら、絶対金儲けに関与したらあかんと思いますね。また金も必要ないわね。（他団体との）つき合い（交際費）いうたって組織でやる（出す）わけやから」

かなり邪気のないバランス感覚といえよう。この特別な考えに染まっていないところが、誰からも渡辺がくみしやすしと思われる理由だろう。渡辺の得な一面である。だが、同時にこの資質は、どのような組織であれ、そのトップに立つにはいささか質《しっ》朴《ぼく》すぎる。人を強烈に引っぱる哲学も指導性もないと思わせる理由にもなろう。

渡辺芳則擁立

渡辺自身は己れの資質に毫《ごう》も不安を抱くことなく、こう五代目としての抱負を語りつづける。

「で、跡目とったら、俺はこう考えとる。（組員のすべてが）ええような結果になって、『ああ、やっぱり（渡辺が五代目で）よかったな』と思われるのが最高や。もし悪くいけば『やっぱり（渡辺を立てて）失敗やったな』と。（そうなると）こっちは落ち目にならないかんわな。それは嫌やから自分から苦労せなしゃないわね。跡目とって。よし、これだけ俺を信じとんねやったら、みんなが信じただけの答えを俺が出したる、と。

片一方で、『いややなぁ、もうええかげんに楽したいな』いう気持ちもあるわね。親子（先代・山本健一と渡辺芳則）で山口組の若頭しとんのやから、わしも（山健組を）今の（これほどの）組織にしたんやし、親父（山本健一）も『あの野郎、できが悪い。あいつにやって（二代目山健組組長の座につかせて）失敗やった』とは思ってないやろし、もうこれでええんちゃうかいな、ということがチラッと頭をかすめるときもあるわけだ」

渡辺の主要関心事は組員の経済生活の維持拡大、それに人数といっていい。行動の質を問わず、きわめて現実主義的である。堂々めぐりの思考法といい、武闘派からは遠く、民主的な肌合いである。

中西一男の現勢についてはどう思っているのか、――まともにこう聞くと、

「うーん、俺もあんまりそういうとこ（渡辺派の作戦会議？）に首出してないからね。で、跡目の問題にしても、俺はいっさい人としゃべらんし、人もいうてけえへんわ。ただ、『頭《かしら》、今はじっとしとってよ。いっさい攻撃的なこと（中西一男に対して？あるいは一和会に対して？　たぶん両方の意味だったろう）せんとってよ、今が一番大事なときやから、つまらんことせんようにしとってよ』いうて、みんなが心配してくれるだけでね」

ここでの「皆んな」は実質的には若頭補佐・宅見勝、本部長・岸本才三、それにのちの山口組副本部長・野上哲男らを指す。彼らは渡辺を候補にかつぎ、ほどなく渡辺五代目の擁立に成功する。ことに宅見勝は参謀的な役割を果たし、渡辺に強い影響力

を及ぼした。たとえ渡辺の回答が否や保留と出ても、宅見が「ええやろ。わしから頭《かしら》（渡辺）に後で話しとくわ」と承諾すれば、そのまま渡辺も納得する局面を、筆者も二、三見聞きしている。渡辺は物ごとの判断をかなりの部分、宅見に預けていたといって過言ではない。

トップは参謀から情報や示唆は与えられても、ことの最終的な判断は自らの責任で行う。これが通常のあり方だが、渡辺の場合はそれ以上を宅見に負う。外からは、この点に渡辺の危うさを感じるが、組内ではかえって評判がよかった。たとえば、のちに渡辺五代目体制の発足で、五人の若頭補佐の一人に加えられた若手直系組長は、ほとんど渡辺を絶賛した。

「渡辺の頭というのはゴルフしか趣味がない人です。あえていえば、極道のことを考えるのが趣味なんですね。だから、将来の山口組はどうあるべきか、ということをものすごく考えています。われわれに対しても、若頭としての職務を全《まっと》うするというか、まんべんなく心を配ってますね。

あの人のいいところは三千人や五千人の兵隊を持っているけれども、それをカサにきた物言いを一つもしないことです。普通だったら、山口組でいちばん兵隊もおり、抗争に際しても、大阪戦争から対一和会抗争まで全部参加しているわけです。山口組の歴史を見れば、山健組がどんな働きをしてきたか、一目瞭然ですよ。

だけど、それでもあの人は人に気配りをし、謙虚に頭を低くしている。あの人から教えられるところは一杯ある。やはり器量がちがうと思いますね。これからの山口組のトップというのは『俺についてこい』では組織を引っぱっていけない。みんなが参加しているという意識革命が必要だと思いますよ。個人プレーの時代ではない。気配りが末端まで届くような繊細な人がやっていくべきだと思いますね」

行動原理の企業化

企業のトップならば、年間の達成目標額を掲げ、事業の展開、新事業分野への進出などについて方向と目標を示す。山口組三代目組長・田岡一雄にしても、「山口組は親も手に負えない極道者をまとめて面倒見ている」「気の合った同士の親睦《しんぼく》、助け合いの機関」と規定しながらも、「日本一」の目標を掲げ、全国制覇への野望を終生抱きつづけた。つまり田岡にあっては組員の生活の維持と同時に、山口組をどうしたいか、達成目標があったというべきだろう。

対して渡辺には達成目標がない。組員がいかに山口組に所属してよかったか、いかにいい生活を送れるか、と待遇面での決意があるばかりである。企業でいえば、給与と福利厚生、作業環境の安全性と快適さの保障とでもなろうか。

しかし、戦後再スタートを切った暴力社会の陣取り合戦はすでに終わって久しい。今、山口組が全国制覇だの、東京進出だの、という条件はないし、強行すれば愚挙でしかない。渡辺が施政方針演説に組員の待遇面の約束しかできないのは自然であろう。もはや田岡一雄の時代とはちがうのである。

だが、さらにひるがえっていえば、法律違反は承知の上で、権益なきところに自己の権益を主張するのが暴力団である。弱肉強食を地でいき、他団体との接点では争闘を起こすことを宿命とする。しかも満足に所得税さえ納める者が少ない。このようなものの「いい生活」への専念を社会は認めるだろうか。暴力団の経済への特化は一般の反感を招かずにはおくまい。

これに関連して、稲川会会長・石井隆匡（当時）は次のような意見を持つ。

「今、人間はみんな組織されている。昔とちがって個人ではなかなか生きられない。

昔はそれこそ、私らの世界も何々一家、何々組というように個人商店ですよ。それが昭和三十年代の後半から、徐々に吸収され、合併されて、今、組織化されている。他の一般社会と同じで、私らも大きな会社の傘の下にいるんです。と、必然的に組織を守るためにルールが生まれる。会社内のルールもあるし、会社と会社の間のルールもある。ルールに違反すれば排除されるしかないんです。個人商店の時代じゃないんだから」

組員の生活、意識のサラリーマン化と併せ、暴力団の行動原理の企業化が進んでいるというべきだろう。渡辺芳則は山健組の先代組長、山本健一がこの石井隆匡と五分の兄弟分だったため、石井とはオジ―オイの関係に当たる。ばかりか石井隆匡のよき弟子ともいえよう。

石井隆匡はまた、渡辺の対立候補に中西一男がいることを知りながら、五代目組長に渡辺芳則を公然と推した。

「渡辺が五代目になって当然でしょう。それが正規のルートですよ。事実、三代目の親父さん（田岡一雄）は四代目を山本健一にするというようなことをいってたらしいですね。それからいっても当然、渡辺が五代目になってしかるべきでしょう」

こうして稲川会も渡辺の支持勢力に数えてよかった。なお渡辺は先代・山本健一が最初、田岡一雄の舎弟、安原政雄が率いる安原会に所属していたことから、安原会の系統を引く。同じ安原会系の直系組長としては尾崎彰春〔心腹会・徳島〕、益田啓助〔益田〔啓〕組・名古屋〕、益田佳於〔代行補佐　益田〔佳〕組・横浜〕、中村憲人〔天地朗、二代目大平組・尼崎〕、古川雅章〔古川組・尼崎〕、松野順一〔松野組・伊丹〕、近松博好〔近松組・長野〕、それに、二代目山健組・渡辺芳則本人とごく近い筋として、司忍〔弘道会・名古屋〕の、しめて八人がいる。

見られるように、安原会系からは渡辺と益田の二候補が出ている。だが、前記したように益田佳於が早期に立候補の意志を撤回したため、安原会系は渡辺芳則に一本化することになる。山口組全直系組長の約九分の一の勢力を占める安原会の系統だったことも、渡辺芳則には幸いした。

安原会系と南道会系

渡辺芳則、中西一男という主要候補者のほかに、竹中武というキーマンがいた。

竹中武本人は五代目にも、その執行部の一人にもなるつもりはない、とかつて筆者のインタビューで明言していた。

「誰が（五代目に）なっても山口組からなるべく欠ける者が出んようにする。山口組がまとまっていけるようにするのが三代目（田岡一雄）に対しても、兄貴（竹中正久）に対しても、わしは一番の供養と思うとるから、五代目になるとか、幹部になるとかは考えたこともないわ」

竹中武は、誰が五代目になっても、組内の取りまとめには協力する、しかしその者と自分とが盃する、しないは別ものであると、山口組の執行部に対し、かねて明言していた。総じて竹中武は山口組に失望していた。対一和会抗争での戦いの不十分さが主要な理由だったろうが、もともと望んでなった山口組直系組長ではない。兄の竹中正久が四代目組長に就任するに当たり、半ば騙すようにして竹中武を直系組長に据えたいきさつがある。

そのため、山口組vs.一和会抗争のいちおうの終結の際（八七年二月）にも、抗争継続の意思を自分が持つ以上、山口組に迷惑をかけるかもしれない、組を出る、と申し出ている。この年五月十四日の警官銃撃事件の際にも同様の意思表明をしている。山口組に未練を示さず、同組での栄達をなんら望まなかったところに、竹中武の異質性も、山口組執行部に対する独自の存在感、説得力も生まれたと見るべきだろう。

まとめ役としては少なくとも三つの点で、竹中武は優位に立っていた。

一つは射殺された四代目組長・竹中正久の実弟で、竹中家の継承者であることである。かつて田岡一雄の未亡人フミ子が、四代目襲名式に当たって霊代を務めたように、竹中武はふつうなら（実際には中西一男が務めた）五代目の襲名式で霊代を務める立場にあった。彼から五代目への承認書、山口組の譲渡書、それに守り刀と任侠奥伝の巻物が五代目に手渡される。「五代目になるには竹中武のハンコが必要だ」とは、このことを指す。

二点目は、一和会との抗争で竹中組が挙げた戦績である。同抗争での一和会側の死者は十七人を数えたが、このうち一和会の幹部は幹事長補佐・赤坂進、副本部長・中川宣治の二人にとどまる。

「人の命に上も下もない。そやけど、われわれヤクザの世界は、下の子を何人殺したって、ハカリにかけられるもんやないのや」（山口組直系組長）

赤坂進、中川宣治とも、その生命を奪ったのは竹中組である。他の組で一和会幹部に手が届いたところはない。

つまり竹中組がどういう自己評価を下しているかに関係なく、相対的には、竹中組の戦績は他の山口組系の組織のいずれより、まさっている。このことは、竹中正久殺害直後の直系組長会で本部長・岸本才三が明言したように、「不言実行、信賞必罰」の組方針に照らせば、竹中武に発言力があるということを意味する。

第三点はこれに関連して、竹中武の持つ組内での説得力である。実力に裏づけられた武の発言力は、その無欲さでいっそう重みを増していた。

このため候補者間には竹中武詣でが行われた。彼がある者を推せば、組内は実績からいって、従わざるをえない公算が大きいと読まれたからである。「不言実行、信賞必罰」の指針が貫かれていれば、事実、その通りだったろう。

竹中武との親交で一歩先行していたのは中西一男だった。中西には対一和会抗争での実績はなきに等しいが、竹中の推挙を得れば話は別である。抗争面での力不足は竹中武を執行部に加えることでしのげるというものだった。

中西は山口組内でも旧南道会の出身である。一九六二年、南道会会長・藤村唯夫は南道会を解散すると同時に田岡一雄の舎弟になった。これに伴い旧南道会八人衆のひとり中西一男も山口組直系組長となった経緯がある。

八人衆の筆頭、福井英夫も同様の経歴だが、この福井が率いる福井組の若頭だったのが宅見勝である。宅見は一九三六年神戸に生まれ、二十三歳ごろ大阪の土井組系川北組の組員になった。一九六〇年川北組の若頭になるが、川北組は二年後、西成区の菅谷組と抗争して組員の大量検挙を招き、解散した。

宅見は居所を失うわけだが、才覚と人脈でつねに上昇しつづけるのが宅見の持ち前である。六三年福井英夫の盃を受け、六七年には三重県鳥羽に福井組内宅見組を結成する。この三年後には福井組若頭の座を確保し、前後して宅見組の本拠を大阪・南に移した。大出世である。

だが、宅見はこれに満足せず、山口組若頭・山本健一に手づるを求めて接近し、親交を得、七八年には親分の福井英夫と並び山口組の直系若衆に取り立てられる。異例のことといえよう。このとき配下の組員数もすでに百二十人を超え、主筋の福井組と同格、オジキに当たった中西一男の中西組とは二倍以上の差をつけていた。八四年山口組と一和会が分裂した際には、元親分の福井英夫は一和会寄りだったが、宅見は福井を説得して引退させ、自らは四代目竹中正久体制の若頭補佐に上った。このとき中西一男は舎弟頭である。

つまり中西一男も宅見勝も世代こそちがえ、同じ南道会の系譜である。だが、南道会系は安原会系のようには一本化せず、分裂ぎみだった上、中西も宅見も本拠を同じ大阪・南に構えて、シノギの面で宅見は中西より優位に立ちがちだった。

中西は渡辺とは執行部会でしばしば顔を合わせ、渡辺の器量のほどは見てとっている。しかも渡辺の背後には宅見がついている。中西が竹中武に寄ったのは、ほとんど力学の問題だった。一世代下で、しかも枝の若衆だった渡辺や宅見に押されてはならない、という意地もあったろう。

しかし竹中武は政治的に中西一男と手を結ぼうとはしなかった。かりに竹中武が山口組での栄達を望んだのなら、中西一男と連帯することも可能だったろうし、逆に渡辺芳則と手を結ぶこともできたはずである。

だが竹中武は中西一男でも渡辺芳則でも、五代目組長になるにはまだ不十分と考えていた。その前に山本広のタマでも取らんかいという思いである。そのため、五代目問題からは一歩離れて立ち、かわりになおも一和会への揺さぶりを執拗《しつよう》につづけていた。

裸になった一和会

八月十四日、午前四時ごろ、一和会常任幹事・大川健の自宅玄関前に手投げ弾らしきものが投げ込まれた。爆発で鉄製の門扉やみかげ石の門柱が破損し、向かい側の民家の窓ガラス九枚が割れた。

事件の犯人は不明だったが、いずれ大川健のマスコミ各紙誌に宛てた公開書簡に反発した者、と見られた。大川健組は一和会風紀委員長・松尾三郎らの山本広引退工作が噂に上ると、松尾を狙撃、近くにいた松尾組幹部に重傷を負わせていた。あげく、大川健は、

「あれ程、(山本広)会長の信念、心意気に惚れ、団結を誓い、会の名の通り、和を大切にしておきながら、我が身が苦しくなると、手の平を返す様にほとんどの人間が会長を裏切り、脱会していったのです。……

(私は)今後、如何なる逆襲に直面しようと会長を守り、助けて、一和会発展の為、又、各地の親分衆に笑われない様、正々堂々と生きていく固い決意でございます」

と書簡のなかで公言していた。暴力団社会では、目立つことは禁物である。たちまち反発を買う。大川健組は以降も攻撃にさらされた。

八月十六日には大阪・西成《にしなり》の路上で同組組員が銃弾を浴び、一人が重傷を負った。九月一日にもやはり西成の喫茶店で、同組に出入りする者が撃たれ、重傷である。

しかも九月二十九日には大川健が住む地元の大阪・住吉地区防犯保安協会と東粉浜《ひがしこはま》校区防犯協会などが大川宅を訪ね、大川組の解散を求めた。

こうしたことが影響したのか、大川健組は十月四日あえなく組の看板をおろした。同日、一和会理事長補佐・加茂田俊治の神竜会（松山市）も脱退、解散を決めた。ひき金になったのは竹中組内二代目西岡組組員による神竜会組員射殺事件である。

十月一日、松山全日空ホテル前で、神竜会幹部をホテルに送り届け車内に戻っていた同会組員に対し、西岡組組員・山下竜二は拳銃を発射、たまらず車外に逃れ出た組員を追い、馬乗りになってとどめの銃弾を撃ち込んだ。翌二日、撃たれた組員は死亡している。

十月四日、殺された組員の葬儀があった日、加茂田俊治は愛媛県警に神竜会の解散と、一和会からの脱退を届け出た。

この大川、加茂田両組の決定に一日遅れて、一和会常任幹事・坂田鉄夫も脱退を決めている。大川、坂田の二人は八五年七月、一和会常任顧問・溝橋正夫が引退したのに伴い、溝橋組から直系組長に昇格、そろって常任幹事になったいきさつがある。

さらに長らく服役中だった一和会常任幹事・松岡陽年も出所後、一和会からの脱退を決め、一和会最高顧問・中井啓一（高知）も同じ頃一本（独立）で行くことになった。

もともと中井は会長・山本広と盃の関係はないが、一和会の代紋をおろし、今後いっさい一和会とはつき合わないと決定したのである。

最後のダメ押しのようなこうした一連の離脱劇に、山本広は新たに三人を直系組長に取り立て、体制たて直しに躍起になった。だが、退勢おおいがたく、組員が一人もいない直系組長が誕生したと伝えられたのも、この頃のことである。

一和会になおも残っているのは会長・山本広は当然として、副幹事長（二代目山広組組長）東健二、常任幹事・村上幸二など、ごくごく少数にすぎなかった。ちょうどキャベツの葉を剝《はが》すように、山口組側からの和戦両様の揺さぶりで一和会側の幹部は次々に脱落、山本広という中央の芯《しん》が透けて見える状態になったというべきだろう。

一九八八年十月段階で、兵庫県警は一和会の構成員二百人と伝えたが、実際は五十人はおろか三十人そこそこに落ち込んでいた。

「警察が二百人といっているのは服役中のもの、逃亡中のものを含めているからで、実際には、二代目山広組で東健二の直参が四、五人、それの連れている若い子を入れて十三人がいいところ。山広のところだってせいぜい七、八人だ。現実に掃除当番に困るほどだし、東の若い衆だか、山広の若い衆だか、ごっちゃになってわからんようになっているのが今の一和会だね。実質、田岡三代目当時の、初期の頃の山広組となんら変わらない。むしろガタッとやせ細っている状態と思えばいいわけだ」

内情に詳しい山口組直系組長からこうくさされるほど、一和会は崖っぷちに立たされていた。十一月には神戸・栄通りの二代目山広組事務所が畳まれ、北長狭通《きたながさどお》りの一和会本部に移転となった。月額数十万円の家賃を倹約するためである。すでに山口組の勝利は動かなかったが、もともとが勝敗をかけた抗争ではない。山口組にすれば四代目組長・竹中正久の報復戦だから、その最高責任者・山本広が謝罪もせずに健在である以上は、すっきり幕引きとはいかない。しかも山本広は解散も引退も言い出す気配がなく、山口組側は最終局面になって攻めあぐねていた。

渡辺派と中西派の暗闘

この間、着々と水面下で多数派工作を進めていたのが渡辺派である。もちろん五代目組長は直系組長間の多数決で決めるわけではない。だが、田岡フミ子のような権威者がいない以上、多数組長の支援はそのまま力となる。ゴルフ談合や食事会、贈り物攻勢、あるいはポストの約束や融資の実行など多様な手が取られ、自民党よりマシなところは現ナマという実弾攻勢がなかった点ぐらいとされている（もっとも対抗馬に金品を渡し、出馬中止工作という情報も流れた）。

渡辺派は竹中武にも接近した。渡辺が新たに、もと加茂田組幹部を舎弟の列に加える盃事に、竹中武を特別推薦人に立てたり、竹中武の若頭補佐昇格を認めたりである。

中西一男派と目される若頭補佐・嘉陽宗輝が竹中武を若頭補佐に推した。人事の系譜をたどると、竹中正久が四代目の執行部を作る際、中西が最初若頭補佐に推薦したのは一心会・桂木正夫と中谷組・中谷利明（岐阜）だった。だが、中谷が辞退したため、嘉陽が若頭補佐になったいきさつがある。

同様に本部長兼任の若頭補佐・岸本才三は田岡フミ子が、渡辺芳則と宅見勝は当時の若頭・中山勝正が、木村茂夫は竹中正久と親しかった矢嶋長次がそれぞれに推した、とされる。どの世界でも同じことだが、息のかかったものが推される傾向にある。つまり桂木正夫と嘉陽宗輝はもともと中西派とされていた。

しかし、当時は田岡フミ子、中山勝正とも鬼籍に入っていた。若頭補佐の色分けも変化して、宅見勝は渡辺派、岸本才三が中立ながら渡辺寄り、桂木正夫が中立、木村茂夫が病気で活動できず、嘉陽宗輝だけが中西派と見られていた。

中西派は少数派である。そのため竹中武を執行部に入れ、渡辺や宅見に対しても、ズケズケ物を言ってもらおうという計算があったろう。若頭補佐への昇格は執行部の一人でも反対したら実現しない。渡辺も宅見も竹中武の執行部入りに賛成し、八八年十二月段階ですでに内定となっていた。

ところが渡辺はついでに、渡辺の意中の人間を執行部に入れたいとも考えた。それで十二月二十九日、姫路市御着《ごちゃく》の竹中正久の実家で竹中武と会った際、こう切り出した。

「本部長補佐という形でもええ。執行部に一人入れたい思うとんのやが、賛成してくれるか」

「山口組を強くせなあかんのやから、功績があるものやったら構へんやないか」

渡辺は弘道会・司忍あたりを考えていたのだろうが、この場ではその名を出さず、若頭補佐にとも、言わなかった。当時、宅見勝も倉本組・倉本広文の執行部入りを考えていた。

この時の渡辺―竹中会談は六時間に及び、かんじんの墓参を忘れたほどである。

渡辺「山本広が（引退、解散を決意して）こっちに来るいうような話になっても、兄弟なら断るか」

竹中「断ることはあらへん。『執行部の意見が割れてます。皆に諮《はか》りますから、時間をちょっとください』いうてつないどくがな。実際に皆の意見を聞かねばならん問題やろがい」

渡辺「実は今代行（中西一男）が某中立系組織（実際は実名）のトップに『条件はなんでもええ。ともかく山広に会えるようはからってくれへんか』と頼み込んでるようなのや。兄弟の口からやめとくよう、いうてくれへんか」

その頃、山本広への引退工作が中西一男をはじめ宅見勝、矢嶋長次など複数のルートで同時併行的に行われていた。山本広引退、一和会解散を説得できれば、とりあえず自身の功績になるわけだが、ただ引退、解散では問題含みとなりそうなことも、二人の会話からうかがえよう。

最強体制への模索

竹中武は中西一男に山本広工作を中止するよう説得することを引き受けたが、彼が言いたかったことは、中西も渡辺も、せめて竹中正久が四代目に就任して五周年の八九年六月までは仲よくしてほしい、ということだった。

というのはその頃、両者の仲は口もききたくないというほどに悪化していたからである。たとえば東海地方の直系組で葬式があり、中西も渡辺も出席したのだが、帰りの下りひかりが同じだったにもかかわらず、二人の乗る車両は11号車、12号車と別々だったということがある。困ったのは見送りにきた直系組の組長以下幹部たちである。いったい組長代行・中西に先に挨拶したものか、若頭・渡辺を先にしたものか、新幹線のホームを走り回ることになった。

帰り道は神戸と大阪で同じようなものである。隣り合わせに座って、なんの不思議もないのだが、車両さえちがえる。不自然である。

「幹部だけなら幹部だけでもええやないか。月に一ぺんくらいは一緒に飯くって、今のムードを直していかな、どないもならんやろ」

竹中武のこうした提案に渡辺は賛成した。次の月、つまり竹中正久の五回忌である八九年一月二十七日、同じ御着の竹中正久の実家で落ち合おうとなった。

竹中武はこのことを中西一男にも伝えた。

「山口組広しといえど、そういうこと（を渡辺に）いえるのは実弟（竹中武のこと）だけや」

中西も喜んだ。

ところが渡辺の考えが変わった。おそらく宅見勝や野上哲男などと話し合ううち、いつまでも五代目組長就任を引き延ばされてはかなわない。もはや中西一男と仲よく話し合う段階ではないという結論になったものだろう。約束の日、姫路・御着での法要には中西一男や岸本才三は参列し、正久の墓にも詣《もう》でたが、渡辺や宅見勝らはついに欠席した。

実はこの日、午後早く山口組本家で開かれた直系組長会で、渡辺派は一気に組長決定の緊急動議を出そうと動いていた。だが、中西派の抵抗にあい、強行すれば山口組、一和会分裂の二の舞いを演じかねないと直前になって急遽《きゅうきょ》、回避した経緯がある。渡辺派は代行補佐である益田佳於や小西音松、伊豆健児ら長老グループを説得、渡辺支持の一本化にほぼ成功していたのだが、やはり対一和会問題の最終決着がついていない、五代目決定には時期尚早という組内の声に頓挫したものである。

いわば未発に終わったクーデター計画である。渡辺にしたところで、一方で一挙決着の秘策を練りつつ、他方でなにくわぬ顔で中西一男や竹中武と膝つき合わせて、懇談するわけにはいかない。

竹中武は渡辺が姫路に来るといいながら来なかったことを心外とした。いきおい渡辺との関係はさらに悪化した。だが、再び渡辺と竹中に手を結ばせたいと考えるグループがあった。

渡辺五代目―竹中武若頭の体制なら山口組は最強、と考えていたのが近松博好らのグループである。近松は渡辺と同様、安原会の系譜を引くが、竹中正久の時代から竹中武とも親しかった。

この近松が渡辺と竹中武との関係をなんとか修復したいとして実現したのが二月十一日、神戸の料亭「いけす」で開かれた渡辺—竹中会談である。席には近松、岸本才三も同席したが、五代目問題はついに話題にならずじまいだった。

というのは渡辺と会えと勧める近松に、竹中武が五代目問題はあかんぞと事前に釘をさしていたからである。まだこの時点でも竹中武が五代目決定のキャスティングボートを握っていた。中西はむろん渡辺も竹中武にすでに支持を要請している。だが、竹中武はあくまでも原則論者であり、両候補者に等距離を保ちつづけた。

「ガラスめいで（を割って。つまりカチ込ミ）刑務所の中におる子（若い衆）もおるわけだ。それはその子の精一杯の気持ちやろがい。えっ頭《かしら》、わしはこうしてわしらがシャバでぬくぬくしとること自体が間違ってると思うとるぞ。（刑務所に）行ってる子が『ああ、わしらも百分の一、千分の一でも役立てた』と、そう思えるような締めくくりにしてくれよ」

渡辺にこういって、支持する、支持しないは渡辺の今後の働き次第だという線を譲らなかった。誰が山本広のタマ（生命）を取るかわからない。渡辺かもしれないし、中西かもしれない。だからある長老の直系組長が「うちは関東に五百人からの若い者がおる、関東に弱い渡辺ではダメだ」といったとき、「おっさん、そんなこと言わんと、渡辺がやるべきことやるかもしれんやないか。そんときはわしが渡辺で頼むと頼みに来るかもしれへんのやから」と言い置いている。竹中武は自ら握るキャスティングボートを使って、ともかく実兄竹中正久の名を辱《はずかし》めない抗争の終わり方だけを求めていた。

もとより渡辺が功績をあげたところで、その盃を飲む気はない。だから渡辺五代目─竹中若頭という近松らの願いはしょせん最初から無理筋だったのである。

料亭「いけす」では組内の地位から渡辺が床柱を背に、その隣に岸本が座った。渡辺の対面が竹中で、隣が近松である。だが、渡辺は一月二十七日姫路での法要に行くといいながら、行かなかったことにバツの悪さを感じていたのか、しきりに「兄弟、さきに箸《はし》つけてよ」などと竹中武に気を遣った。

これを見た岸本才三が、こういう姿を宅見勝や野上哲男が見たら、（渡辺支持という）考えを変えるかもしれない、と思ったほどである。だが、見たところで渡辺派は考えを変えなかったろう。彼らは原則論で譲らない竹中武にほとほと手を焼き、竹中の支持なしでも渡辺が五代目につける方法を模索し始めていた。それまで五代目襲名式の際、竹中武が霊代を務めるといわれていたが、この竹中武霊代論をつぶしにかかったのである。

稲川会の工作

四代目竹中正久の鳴門《なると》での襲名式の際に、田岡一雄の「霊代」として田岡フミ子が正久に四代目への承認書、山口組の譲渡書、それに守り刀と任侠奥伝の巻物を手渡した。

竹中正久は死んだが、正久には内妻はいても戸籍上の妻はいない。竹中家は竹中武が継承し、現に守り刀や巻物、譲渡書を保持している。竹中武が竹中正久の「霊代」として五代目襲名式に臨むのはごく自然のことである。

だが、渡辺派は霊代は竹中武でなくともいい、他の誰かで構わないと考え始めた。竹中武切り捨て論である。

実際、竹中武に会って話をすれば、いうことは極道としての筋にかなっている。面と向かって反対はできないが、かといって現実はちがうんだという頭がつねに渡辺派にはあった。だから武に会ってその場では納得しても、帰って検討を加えると、ちがう解答が出る。当然、二度目に会ったときは態度がちがった。

これが竹中武には渡辺不信の原因となり、両者の関係はますます険悪化した。かりに竹中武が政治的人間だったなら、早い時点で中西一男と結びつき、渡辺派に対抗できる一派を形成していたろう。中西にさらに功績一点を加えさせた上で、中西を五代目に擁立することは可能だったはずである。若頭が五代目に上がるのが筋とはいっても、渡辺の若頭昇任は四代目竹中正久が任命したものではない。彼の死後、執行部の会議で決まったことである。これが中西なら、中西は竹中正久任命の舎弟頭だったという強みを持つ。組内の長老直系組長の処遇で頭を痛めることはなく、無難に五代目に移行できたにちがいない。

だが、中西も政治的な動きを得意とはしなかった。なによりの証拠は、本来、中西の牙城であるべき代行補佐グループを、「顧問にする、渡辺との盃なし」という渡辺派の説得でつき崩されたことである。四十代の渡辺が五代目につけば、年配の直系組員たちは渡辺の若衆の盃はむろん、舎弟の盃も飲みにくい。場合によって跡目を若い世代に譲って、自らは引退という事態を招きかねない。

渡辺派はこれをクリアした上で、さらに彼らの好感を買い、舎弟グループを自陣につけることに成功した。中西派は追いつめられたが、頼みの竹中武は渡辺に対すると同様、中西にも「五代目の前にやることがあるやろがい」という態度を変えなかった。

中西派の敗北、渡辺—竹中提携派の退場、竹中武の孤立は必然だった。渡辺派の持つ経済力と政治性が勝ちを収めたのだが、そのかわり渡辺派は以後、矛盾と弱みをも抱え込むことになる。

おそらく追いつめられた反渡辺派に近い筋が流したものだろう。怪文書まがいの「任侠道新聞」1号、2号が各直系組長宛てに送られてきたのはこの頃のことである。1号は渡辺のクーデター失敗に終わるとして、「宅見の嘘と無謀な策略」などを非難、2号は「山口組に謀反《むほん》を企《たくら》む愚か者渡辺、岸本、宅見の他新たに野上が判明した」として「現執行部の解体」と「五代目問題の棚上げ」などを要求していた。

二月二十七日山口組の定例総会で竹中武の若頭補佐昇任が正式に発表された。竹中武は立ち上がり、

「不肖私ごときがこうした大任に任じられたかぎりは、恥をかかんように十分頑張ります。とりあえずは、若い人たちと幹部との間のパイプ役に徹するつもりです。何かありましたら、遠慮なく何でもいうてきてください」

と挨拶した。

だが、すでに時おそく、竹中武がパイプ役になる場面はなかったのである。渡辺、宅見は竹中武の昇格と同時に、自派の若手直系組長を執行部入りさせる腹づもりだったが、結果的に見送りにした。なぜなら今、無理して入れなくとも、間近に迫った五代目体制での新執行部に入れればいい——とすでにそこまで読み切っていたからである。

事実、ひそかに進めていた渡辺派による山本広工作は十分な感触が出てきていた。稲川会、会津小鉄会（京都）の協力を仰いだ結果である。

山本広はいざ引退、解散するとして、山口組の誰に話を通すか厳しい判断を迫られたにちがいない。最強硬派の竹中武にしろ懐に飛び込み、心から謝罪するなら許すだろう。以後の生命の安全はこれが一番確実である。だが、山本広にも最後どん詰まりの意地はある。竹中正久を殺し、実弟の武に許しを請《こ》うなら自らしでかしたことの全否定であるばかりか、竹中の名をいたずらに高める結果になる。それはなんとしても、口惜しい。

中西一男に持ち込んだらどうか。中西は五代目をとれそうになく、新執行部が一和会問題についての決定をくつがえす危険さえある。つまるところ山本広は渡辺に、と帰着したにちがいない。五代目につけそうだし、なにより立ち会う稲川会、会津小鉄会の顔に泥を塗ることはしまい。

山本広もまた自らの身の振りようの政治的価値を心得ていた。稲川会にわが身を預けるなら、稲川会は渡辺の山口組にこれ以上はない恩義を与えることになる。渡辺の功績となり、渡辺の五代目就任が確定しようからである。少なくとも以後、渡辺は稲川会に足を向けては寝られない。とすれば稲川会の保証のもとに、引退、解散を求めるのが最善である。確実に引退後の身の安全がはかれると同時に、山口組に弱みをも導入できる。あわよくば最後の最後まで攻撃の手をゆるめなかった竹中組を孤立させうるかもしれない。

山本広はおそらくこのくらいは読んだはずである。ボロボロになったわが身をもっとも高く売りつけ、しかも山口組への呪いとなる方途。それは渡辺芳則を窓口にする以外にはない。かつて、竹中正久らを射殺したヒットマンたちを裏切ることはできない、自分はわが命を惜しむ卑怯未練な男ではないと言い切り、解散、引退を真っ正面から否定した山本広がついに汚名に沈むかわりに要求したものは、山口組の末代にまでたたりかねない状況づくりだったのである。

だが、五代目就任を急ぐ渡辺派はこれこそ渡辺の決定的な功績になるとして、意気大いに上がった。

竹中武の異論

三月十日には、山本広の引退はほぼ確実なものに固まっていた。渡辺を支える中心メンバーだった、つまり宅見勝、野上哲男、それに岸本才三らは十三日、極秘に会談を持ち、山本広引退をどう五代目取りに結びつけるか、作戦を練った。

十五日渡辺は上京した。おそらく稲川会に謝辞を述べると同時に、最後の詰めを急いだものだろう。翌十六日、渡辺は大津の会津小鉄会会長・高山登久太郎宅で山本広と対面した。この席には稲川会、会津小鉄会の首脳部が同席していた。山本広は自らの引退と一和会の解散を記した書状を渡辺に差し出した。

翌十七日、山本広は一和会に留まりつづけた東健二、沢井敏雄、村上幸二、上村進、寺村洋一らを呼び、引退、解散の最終決断を伝えたという。これらめまぐるしい動きは逐一、大阪・兵庫両府県警のつかむところだった。

十八日、山口組は本家で緊急執行部会を開いた。もちろん渡辺派の呼びかけになるもので、山本広引退に至る経緯を報告したのち、翌十九日直系組長会を開き、この旨を傘下組織に周知徹底させようとの提案がなされた。

だが、竹中武が反発した。一和会解散、山本広引退という条件で対一和会問題に真の決着がつくのかどうか。組内にこの件に関する合意事項は何もないではないか。しかも執行部に諮《はか》らず、渡辺の独断でこうした重大事を進めるのは問題である、というのだ。竹中のこの主張に中西一男、嘉陽宗輝も声を合わせて同調した。

おそらく竹中武とすれば、前年の十二月二十九日、姫路市御着での渡辺対談が頭にあったのだろう。あの折り、渡辺のほうから「山本広が（引退、解散を決意して）こっちに来るというような話になっても、兄弟なら断るか」と聞いたのである。「いや、断ることはあらへん。『皆に諮りますから、時間をちょっとくださ い』という」と答えたばかりではないか。それを承知の上で、独断専行は許せない。

しかもその際、渡辺は「今、代行（中西）が山本広に会えるようはからってくれ、と某中立系組織に頼み込んでる。兄弟の口からやめとくよう、いうてくれへんか」と頼んだではないか。だから自分は中西に取りやめるよう言った。ところが渡辺は中西に手を引かせた上、そっくり同じことをした、手柄顔は筋ちがいという気持ちである。

当然、渡辺とすれば、竹中武の言い分は心外である。「山本広引退、一和会解散」はたしかに合意の条件ではないかもしれない。だが、暗黙の条件ではあった。現に八六年四月、竹中武の実兄で竹中組相談役・竹中正が山口組ハワイ事件で無罪をかちとって帰国した際、新聞の報じたものではあるが、「山本広引退、一和会解散」が終結の条件だと語っている。手続きは間違えたかもしれないが、答えが合っていればそれでいいではないか、と思ったにちがいない。

だが、竹中武は山本広のような山口組にとっての大罪人が腕一本、指一本切り落として謝罪もせず、単に引退、解散しましたですむと思うか、とさらに渡辺に詰めよった。

一和会壊滅と五代目への道

十九日、山本広は自宅を管轄する神戸・東灘署に出頭、引退、解散を伝えた。暴力団社会ではなぜか警察に伝えて正式決定とする慣《なら》わしがある。一和会もこれで公的に解散し、山本広は引退したということになる。

山口組では同日予定していた直系組長会が取りやめになり、二十二日に再度、緊急幹部会が開かれた。「引退、解散」の取り扱いが議題だったが、ここで実際に問われたのは人間としての迫力である。手柄を立てたはずの渡辺は、重大なミスを犯した、若頭辞任の事態もありうる、そういう渡辺を救うにはどうしたらよいか、という竹中武側の論調にいつか巻き込まれ始めていた。この論理の延長線上に、山本広本人の謝罪形式は如何という問題が新たに発生した。つまり、中西、竹中側が、単に「引退、解散」では不十分、山本広にけじめの詫びを入れさせるよう渡辺側に要求、渡辺側がこれを呑んだのである。渡辺は善後策で助力を仰ぐため稲川会・稲川裕紘に電話することになったが、稲川から「今さら何を眠たいことを」と言われるのを恐れてか、

「電話するが、先方が出たら替わってくれ」と中西に頼み、中西から「自分でしでかしたこと、自分で帳尻合わせせんかい」とたしなめられる一幕があった。

結局、他団体の力を借りたとはいえ、まがりなりにも「引退、解散」をかち得、五代目組長を確定的にしたかの感があった渡辺芳則だったが、一連の論争の中で振り出しに戻されたというべきだろう。

そのため翌二十三日の臨時直系組長会では、岸本才三がそっけなく「引退、解散」の経過を報告したにとどまった。だが、ある古参組長が「執行部全体の意思で山本広との交渉に当たったのか」と質問したのをきっかけに、今度は渡辺派の若手組長たちが反発、「若頭にご苦労さんの一言があってもいいのではないか」などの発言を始めた。これを竹中武が「ヘタ売りかねん頭《かしら》を救おうと苦心してるのやないか!」と大音声で一喝《いっかつ》、警備の組員が、すわっ変事出来《しゅったい》かと、駆け寄る騒ぎになった。

竹中武はおそらく心中深く期していたはずである。山口組としての対一和会抗争のけじめは、あらためて山本広に詫びを入れさせることですもう。だが、無念のうちに殺された正久の実弟である俺としてのけじめはついていない。何がなんでもやる、と。

対して渡辺派は「引退、解散」の実績は、いくら難クセがつこうが動かない、ここで一気に五代目を取らなければさらにこじれる、と最後のスパートをかけた。用いる秘密兵器は、すでに意を通じた古参の舎弟グループである。

二十七日午前、山口組執行部会には、古参組長数人が出席を申し入れた。ふだんは代行補佐でも執行部会には出席しない。異例のことである。しかも席上、ある古参組長が「代行が五代目を指名したらどないや」と言い始めた。中西一男が自らを指名できるわけがない。渡辺支持派の挑戦ともいえる発言だった。

結局、この席で中西一男、渡辺芳則の五代目組長立候補が決められた。五代目問題が話題になって以来、初の公式出馬表明である。中西一男とすればまだ多数派工作に着手していない。先送りしたかったろうが、渡辺派に包囲されるような形ではそれもならなかった。

ひきつづく定例総会では、岸本才三が二人の立候補と、二人の話し合い決着で五代目を決めることになったと報告した。

山口組五代目誕生

三月二十九日、山口組の執行部は上京、ホテルニューオータニで稲川会幹部らに会い、山本広の「引退、解散」で尽力してもらったことに謝辞を述べた。すでに山本広が山口組本家を訪ね、謝ることでけじめとすることは執行部内の合意があった。前日、山本広も上京し、稲川会の保証のもとに山口組に詫びを入れる形式が詰められていたのである。

翌三十日、稲川会本部長・稲川裕紘らが神戸に来た。稲川らはまず神戸市東灘区の山本広宅を訪ね、山本広を連れ出し、連れ添う形で、十一時五十分ごろ山口組本家に着いた。山口組側は中西一男や渡辺芳則など執行部のメンバーが山本広に対し、山本が「引退、解散」し、竹中正久らを殺害したことをそっ気なく詫びた。ついで山本広は故竹中正久の仏壇と故田岡一雄の仏壇に線香をたむけ、合掌して頭を下げた。

山口組本家内では終始、山本広の両側に稲川裕紘ら稲川会幹部がガードするように座した。稲川会の協力で山本広の謝罪が実現した分、稲川会としても山本広の安全に神経を使うということだったろう。これで山口組としては、完全に対一和会問題に決着をつけたのである。

だが、山本広の引退、一和会の解散を最終段階で稲川会に仰いだことで、山口組は伝統とも誇りともしてきた独立不羈《ふき》、無頼《ぶらい》の精神を失ったと見るべきだろう。ましてや「引退、解散」が渡辺芳則による五代目山口組の船出を促す最大の贈り物となった以上、稲川会抜きで以後の山口組がないことは契約書にサインしたも同然だった。

もちろん逆の言い方も可能だろう。渡辺派の政治主義なしには対一和会問題の最終決着はなかった、現代暴力団社会は、組内と同様、他団体との交際においても政治的な貸し借りなしでは成り立たないのだ、と。

だが、ともあれ大阪・兵庫両府県警は十八日、五代目組長に渡辺内定という情報を流し、同日の夕刊各紙は競ってそれを報じた。十六日に開かれた舎弟会が渡辺を五代目に推すことで一致したというのである。同会議にはのちに竹中武と時期を同じくして山口組を離脱する矢嶋長次も出席していた。

筆者はたまたま翌十九日、別件で渡辺芳則、宅見勝、岸本才三らと同席する機会を得たが、そのときの様子はようやく難関を越え、愁眉《しゅうび》を開くというものだった。察するに、この間、中西一男の立候補取りやめを取りつけていたものと見られる。

翌二十日、緊急幹部会が開かれ、中西の辞退、渡辺の五代目案が討議された。竹中武は特に反対もしないことで「保留」とし、執行部は渡辺の五代目擁立を決めた。二十七日の直系組長会では中西が五代目候補から降りるまでの経緯を説明、「皆さんで盛り立ててやってください」と渡辺を推した。これを受けて渡辺が「まだ未熟者ですがよろしくお願いいたします」と述べ、ここに五代目組長は渡辺芳則と決まった。

第六章　混迷する対竹中組戦略

異例の襲名式

渡辺芳則は一九八九（平成元）年七月二十日、神戸市灘区の山口組本家、二階大広間で五代目組長の襲名継承式を挙行した。

おおよそ式ごとというのは、区切りをつける形式にちがいない。式に臨《のぞ》む主客はともに、その式を手がかりに気持ちを改める。だが、式が単なる形式を超えて、式の当事者の置かれた位置と方向性を象徴する場合がある。

五代目襲名式がまさにそれだった。誰の目にも明らかだったのは稲川会の優位である。

媒酌人・津村和磨は式の冒頭、こう大音声を張り上げた。

「まず、ご列席のご一統様に申し上げます。ただいまより山口組五代目襲名相続式典を執《と》り行います。この式典は稲川聖城総裁の後見により、石井隆匡会長のお取り持ち、稲川裕紘理事長の奔走をもって執《と》り行います」

稲川聖城、石井隆匡、稲川裕紘、すべて稲川会の首脳部である。

もちろん渡辺芳則の五代目襲名継承式は後見人、取持人、奔走人だけの出席をもって成り立ったわけではない。

推薦人もいるし、見届人もいる。

推薦人には四代目会津小鉄会総裁・図越利一、松葉会会長・中村益大、四代目今西組組長・辻野嘉兵衛、二代目大日本平和会会長・平田勝義、三代目森会会長・平井龍夫、俠道会会長・森田幸吉、工藤連合草野一家総裁・工藤玄治、四代目小桜一家総裁・神宮司文夫、住吉連合会総裁・堀政夫がそれぞれ名をつらねた。

見届人にも前記団体のほか、導友会、愛桜会、四代目砂子川組、三代目倭奈良組、三代目互久楽会、二代目大野一家、三代目南一家、四代目佐々木組、諏訪会、二代目松浦組、三代目旭琉会などの首脳部の名が張り出されていた。

全国の主だつ組織を網羅しており、おそらく過不足なかったのだろう。だが、このうち実際に出席した組長クラスというと、稲川勢のほかは親戚総代としての五代目酒梅組組長・谷口正雄、東亜友愛事業組合代表理事長・沖田守弘、双愛会会長・石井義雄ら寥々《りょうりょう》たる数にすぎなかった。

結局、兵庫県警が襲名式開催阻止の方針を打ち出したため、山口組としても極力人数をしぼり込み、九十二人の直系組長のほかは親戚筋の十人ほどに限ったからである。

山口組は「出席願うとかえって迷惑をかけかねない。式場に名前をお借りすることで、出席にかえさせていただきたい」と推薦人や見届人に断りの挨拶をしている。しかも兵庫県警には事前に出席者のリストを提出、毎月の定例総会（直系組長会）にわずかの親戚が加わる程度の規模ということで、ようやく了解を得たと伝えられる。

目につくのは、稲川会の山口組に対する強い影響力であり、関連して、警察の封圧作戦に抵抗しない山口組の姿である。なにしろ稲川会は後見人、取持人、奔走人と、挙式上の名誉ある役どころはすべて独占した。

たしかに渡辺芳則の出身母体、山健組の先代・山本健一は石井隆匡と兄弟分の関係にあったし、四代目組長・竹中正久の襲名式でも稲川聖城が後見人を務めた。竹中の場合、田岡一雄の未亡人フミ子が後見人を依頼したものだが、このとき竹中本人を含む山口組首脳部には、後見人・稲川聖城に反対する声があった。稲川会の風下に立つような印象を嫌ったのである。

しかも取持人には西宮の諏訪一家総裁・諏訪健治を立てて東西勢力のバランスを取

り、奔走人は設けなかった。竹中正久の四代目襲名は最終的には田岡フミ子が決断したことである。組の外に奔走するものを特に必要としなかった。

山口組は過去最高の構成員二万二千人の体制を築いた時点で皮肉にも、山口組の勢力の三分の一、構成員七千人という稲川会の全面的な後見と庇護《ひご》のもとに、五代目組長の襲名を決めた。山口組は長らく抗争をつづけることで日本暴力世界の頂点に君臨してきたが、自ら稲川会に上席を譲ることで、事実上、稲川聖城を暴力社会の首領と認めたのである。

およそ稲川会が代表するのは管理、コントロールされた暴力にほかならない。すなわち関東の既成大組織は「関東二十日会」に寄って、警察との連絡を密にとる。たまたま組織間に暴力事件が発生した場合には、第一次抗争だけにとどめて、二次、三次と抗争を拡大しない。その月の当番の組が「関東二十日会」の総意を体現して当事者間に話をつけ、抗争を報復、再報復の悪循環から断ち切り、同時に組織末端のいさかいを、上部の幹部や首脳に飛び火させない措置をとるのである。

これによりもたらされるのは既成暴力団の共存共栄であり、その後ろ暗い資金活動に対する警察の暗黙の諒解である。下剋上《げこくじょう》は禁じられ、首脳や幹部の地位は安定化する。稲川聖城の長男、稲川裕紘が次期稲川会会長に就任したことに明らかなように、暴力団組長の地位はカバン、地盤、看板を引きつぐ二世代議士と同様、世襲的な権益とさえなる。

つまりは警察と暴力団首脳による暴力の管理である。山口組が稲川会を上位に立てることは同時に、こうした暴力の管理化、保守化ともいうべきある種の秩序を受け入れたことを意味する。山口組の脱関西化、東京化ともいえよう。

稲川会の戦略的勝利

実際、襲名継承式では、関西の暴力団は重視されなかった。関西のある名門組長は当日、式に出席しようとして山口組本家を訪れたところ、兵庫県警の警備線に引っかかった。通せ、通せないの押し問答の末、警察側は、

「あんたは山口組の親戚とちがうやないか。山口組のリストに載《の》ってない者を通すわけにいかんのや」

と口走ったと伝えられる。

この組長は渡辺芳則の五代目襲名に、稲川会と同程度、協力した者である。

警察庁指定の広域暴力団（一九九〇年当時）は山口組を除けば、いずれも本部を関東、とりわけ東京に置いている。つまり山口組は関西唯一の指定広域暴力団として関西に比肩すべき組織を持たないともいえるが、程度の差こそあれ、関東の暴力団に対しても事情は同様である。どのような大組織であれ、山口組の構成員数に比べれば三分の一以下なのだ。暴力団構成員の四人に一人が山口組という寡占化が達成されている。

暴力団の歴史とか格とかの面でも、関西の組織が特に関東に対して見劣りすることはない。

あるいは山口組の「遠交近攻」策で、日ごろ接触の多い関西の暴力団より、関東を選んだと見ることも出来よう。だが、近年急速に九州や北海道地区の組織を吸収した山口組は、たとえば北海道地区で、早くも稲川会系列と接触、衝突している。渡辺芳則が五代目を襲名してわずか二ヵ月後、札幌では山口組系初代誠友会と稲川会系越路家一家との間に、一昼夜のうちに連続十八件という発砲事件が発生した。

事件は警官二人を巻き込んで負傷させたが、カチ込ミ以上には発展せず、ひとまず終熄《しゅうそく》した。この連続発砲事件を受けて山口組は十月五日直系組長会で、稲川会系組織など他団体との抗争厳禁を通達した。紛争の解決手段としての暴力を禁じたわけで、稲川会系列と権益をめぐって争いがちな地域を占める直系組長間に不満が残ったと伝えられる。

連続発砲事件では、稲川会系のうちでも横須賀一家の組員が北海道警察本部に逮捕されている。横須賀一家総長は渡辺の襲名継承式で取持人をつとめた石井隆匡であり、事件に参加した稲川会系の組員が稲川会―山口組の勢力関係を念頭に置いていたことは容易に想像がつく。

事件後、山口組と稲川会の両首脳部間で和解の話し合いが持たれたが、その席には横須賀一家総長代行も顔を出していた。札幌では先に山口組側が発砲したとされ、話し合いでは四分六で山口組側に非ありとされたと伝えられる。地域での勢力関係を抜きにして、トップ同士の優劣が事を決める。札幌連続発砲事件の収拾は稲川会を上位に立てる山口組の現況を物語る最初の例となった。換言すれば稲川会の戦略的勝利である。同会は戦わずして、山口組をその影響下に置いた。

もちろん山口組三代目組長・田岡一雄は稲川聖城の親分、鶴岡政治郎とともに「港の六人衆」の一人に数えられ、鶴岡とは兄弟分的な関係、稲川とはオジ―オイ的な関係にあったから稲川会に下属することがなかった。山口組は一九六〇年から、稲川の勢力下にあった横浜に進出し、抗争寸前の緊張を招いたことがある。あげく田中清玄と組んで横浜で「麻薬追放国土浄化同盟」の結成大会を開き、稲川への示威としたものである。

心臓を患《わずら》う前の田岡は東京ではホテル・オークラを定宿とし、眼下に広がる東京の街並みを見下ろしては「これが山口のシマになるんや」とつぶやいたともいう。田岡が全国制覇の野望を終生抱きつづけたことは紛《まぎ》れもない事実である。

一九七二年、田岡は山口組若頭・山本健一と稲川会理事長・石井進（また唯博、隆匡とも名乗る）との兄弟盃を認めたが、その盃事は稲川聖城らを自宅に招いて行った。田岡が心臓病の病み上がりで外出をしぶったからである。普通は両当事者間の中間点で挙式するのを例とする。田岡は盃事の前、飛驒《ひだ》の下呂《げろ》温泉に出かけており、必ずしも外出できない体ではなかった。山本と石井が五分と五分の盃であっても、山口組と稲川会を必ずしも対等とは考えていなかった表れだろう。

だが、現在、立場は逆転した。

変質する山口組

山口組は明らかに渡辺の五代目組長襲名を機に変質した。暴力団社会での範を稲川会に取ることで、構成員数はともかく実質的にはトップの座を返上し、同時に合理化路線ともいうべき道に突き進み始めた。

ここで合理化とは、わけても抗争と対警察関係における合理化である。山口組は過去、抗争を繰り返すことで世間を騒がせ、結果として知名・認知度を上げ、組織を肥大化してきた。

対警察関係では一九六六年、兵庫県警による「山口組壊滅作戦」に際しても、山口組だけは解散せず、八四年の四代目組長・竹中正久決定時にも、兵庫県警から山口組の改組・改名を迫られながら、ついに肯《がえん》じなかった。警察の指示に従わず、自律性を優先するのが山口組の伝統であった。

一般に暴力団は反社会的存在とされている。だが、結社の自由が保障されているかぎり、本来、襲名式や組葬の開催は警察が過剰に介入すべきものではない。この点で過去の山口組にはときに警察との摩擦を承知の上での自律的判断が働いていた。警察庁主導の「第一次頂上作戦」で全国の主要暴力団が軒並み解散する中で、田岡一雄は山口組を断固、解散しなかったし、竹中正久は、兵庫県警はじめ関係府県警が会場つぶしをするなかで、鳴門のホテルを会場に確保して襲名式を強行した。

比較して渡辺芳則には警察からの自律性が薄い。警察の介入が年々強化されているという事情はある。だが、襲名継承式も故竹中正久の組葬も、山口組本家と、その隣接する駐車場で、それも毎月定例の直系組長会（総会）をやや上回る程度の人数を集めるだけで開いている。ほとんど開いたという既成事実づくりだけに専念しているかのようである。

とにかく警察とゴタゴタを起こさないのが時代にかなった態度と認識しているのだろう。徒《いたずら》なロスを省き経済活動に専念するという意味では、合理化である。

五代目・渡辺芳則は山口組の歴史始まって以来はじめて先代組長やその夫人など、権威者の指名によらないでなった組長である。多数決こそとられなかったものの、渡辺は多数の直系組長の支持を背景に、直系組長間の話し合いで選任された。換言すれば、渡辺は直系組長たちの利益と権限を最もよく保つはずの者として、選ばれたのである。したがって伝統的な暴力団の首領とは異なり、若衆、舎弟に対して絶対的な権威を確立するまで時間のかかるところに渡辺の特質がある。

襲名式に先立ち山口組は五月十日に若頭・宅見勝を内定、同月二十七日までに若頭補佐などの新執行部の顔ぶれと、最高顧問制の新設など、古参の直系組長たちの処遇を決めた。この決定の過程に、多方面に配慮しなければならない渡辺体制の性格が見てとられる。

渡辺の五代目擁立、実現に力あったのは宅見勝、岸本才三、野上哲男の三人である。彼ら、とりわけ宅見勝が新人事のリーダーシップを握った。

まず野上哲男がすでに八八年暮れの段階で、渡辺から組長としての発言をしないという言質《げんち》を引き出したとされる。つまり、首尾よく渡辺が五代目になった暁《あかつき》には組運営の権限を、われわれ執行部に任せてほしい、渡辺は年齢も若く、直系組長に上ってからの日も浅い、経験に不足しているから、当分の間、われわれの働きを見守ってだけいてほしい、五代目の土台づくりはわれわれがする、と提案し、渡辺は諒承した。

渡辺が沈黙を守る期間は五年、三年、二年といった各説があるが、いずれにしろ独断専行しえないみこしであることを自認し、担《かつ》ぎあげられたのが渡辺だったとはいえよう。

宅見勝は渡辺より四歳年長である。ふつう、組長より若頭が若い。また宅見の率いる宅見組では組長のほかに組長代行を置いている。そのためもあってか、宅見勝は最初、組長代行の椅子を望み、渡辺に話を通した上、渡辺からそれを提案させたという。組長代行が組長の権限の分与であることは渡辺にも分明だったろう。だが、あえてそれを納得させ、第三者に反対しづらいよう、渡辺に発言させるあたりに、渡辺—宅見の関係が如実《にょじつ》に見てとられる。

しかし、この宅見の目論見は通らなかった。

「『渡辺という組長が健在でありながら、組長代行というのはちょっと……』と中西さん（一男、最高顧問）、小西さん（音松、顧問）が難色を示し『そういうことやったら、副組長でどうや』と妥協案を示した。宅見さんは即座に『副組長なら要らん。頭《かしら》（若頭）でいいわ』というんで、若頭に決定したという話です」（直系組長）

山口組は若頭・宅見勝というより組長代行・宅見勝と見たほうがいっそうわかりやすい。それほど宅見の威令がいきわたっている。

次の若頭補佐人事でも優先したのは宅見勝の意見である。

だいたい若頭補佐とは文字通り若頭の補佐であって、組長の補佐ではない。渡辺より宅見に近くて当然といえるかもしれないが、平時の山口組にあって執行部とは宅見と五人の若頭補佐そのものを指す。よほど特別なことがないかぎり、舎弟頭や舎弟頭補佐が組運営に口をさしはさむことはない。

となれば、組長たるもの、田岡時代のように少なくとも若頭補佐の半数は握らなければならない。

人事権は権力のよりどころである。とりわけ山口組の場合、組長の座についたものは特別の手兵を持たないシステムをとる。渡辺も同様で、それまで直接率いてきた二代目山健組はその若頭・桑田兼吉に譲って名も三代目山健組と改まった。渡辺には山口組の直系組長のほか子分や舎弟はいなくなった。

権力をほしいままにした田岡一雄でさえ、若頭補佐の任命、罷免権は最後まで手放さなかった。若頭補佐のうち半分は田岡、残る半分は若頭が任命という不文律があった。

新体制への動向

田岡時代から若頭の権限は大きい。だが五代目山口組では渡辺の立つ基盤が確立してないために、実質的に組の運営は宅見勝に負うところが多い。

「だいたい五代目が若頭補佐に推した者が通らんかった事実がある。五代目が推し、推された当人にも引き受ける気があった。それをなぜ最終的に辞退せざるをえん状況に追い込まれたか。結局、五代目が発言せんから。つまり人事の決定権者は五代目でない、ということなのや……」（直系組長）

この人事は竹中武の処遇に関係する。竹中は宅見勝が若頭に内定した日である五月十日の緊急幹部会に欠席したが、その前後から山口組離脱の意志を明らかにしていた。五代目が直系組長たちの総意で決定し、かつ自分が渡辺の盃を飲まないと決めた以上、山口組に留まる理由はないという考えからである。

しかしなんといっても竹中武は四代目の実弟であり、対一和会抗争で山口組きっての功績を挙げた人物である。その竹中武をあっさり組外に去らせては、山口組本体の評価にはね返る。こう考える者がその当時までは山口組内に存在した。中心は山口組総本部長・岸本才三、直系組長（長野）・近松博好らである。近松は故大平一雄（元山口組本部長）の大平組の出で、安原会の系統を引くが、竹中武ともきわめて近かった。

「こういう近松組長が五代目（渡辺芳則）を口説いたんです。『直系組長十人が脱退するより岡山の兄弟（竹中武のこと）一人が脱退する方が山口組にとっては大きい。なんといっても岡山には歴史に残る兄貴がいるんだから』『わかっている。兄弟、なんとかしてくれ』

こう五代目は答えたそうです。それで近松組長と岸本才三本部長（当時）を中心に、岡山の兄弟を、山口組副組長の座を用意した上で連れ戻す計画がスタートした。その際、使者に立つ近松組長が無役では説得力に欠ける、というので、ゆくゆく若頭補佐になってもらう資格で、となった。

ところがこの計画が頓挫した。宅見勝らの巻き返しのせいです」（直系組長）

渡辺、岸本、近松の三人は四月下旬、神戸・花隈《はなくま》の二代目山健組事務所に集まり、竹中武の連れ戻しについて協議した。だが、このことの情報はすぐ宅見に抜けたとされる。

「頭《かしら》（宅見）としては岡山（竹中武）に戻ってきてもらいたくない。事実、岡山もどのような役職を提供されようと戻る気はなかったでしょう。頭はそのため心腹（山口組直系心腹会会長・尾崎彰春）にあることを依頼したんです」（直系組長）

尾崎彰春は山口組の最大派閥、安原会の実力者である。この尾崎が岸本に圧力を加えた。岸本は当初、山口組若頭の座を望んでいた。もちろん宅見の若頭決定前のことである。つまり岸本らの構想では組長・渡辺―組長代行・宅見―副組長・竹中―若頭・岸本の陣容でもあったのだろう。だが、尾崎は岸本に対し、一和会との抗争で岸本にどのような功績があるのか、と難詰《なんきつ》し、若頭の座への望みを打ち砕いた。同時に竹中武連れ戻し案も、近松博好の若頭補佐就任案も立ち消えくさくなった。頼みの渡辺がとうてい宅見に対案を通しえないことが明らかになりつつあった。近松はもともと宅見とはうまくない。宅見が近松の若頭補佐を望まない空気が察知され、辞任を決めた。若頭補佐選任の直前になって（五月二十七日前）、岸本に辞退する意向を洩らした。

「と、岸本本部長は目をうるませて『兄弟、俺をひとりぼっちにするんかい、俺も降

りるわ』といったというんです」（直系組長）

渡辺には宅見勝と竹中武の二人を従え、両者のチェックとバランスの上に五代目山口組を運営するという思いもあったろう。実際にどちらに偏しても、渡辺の権力維持にとっては危険である。だが、結局竹中武に戻る気がなく、宅見勝には戻らせまいとする意向がある。渡辺の思惑は破れ、岸本才三は単にそれまでの本部長に「総」の字をつけて、山口組総本部長の座を確保したにすぎない。その上、副本部長の席が新設され、それに野上哲男が就任、岸本の動きは掣肘《せいちゅう》されることになった。

渡辺芳則の五代目就任で長く協力してきた宅見と岸本だったが、互いにしっくりいかない面がこの頃から生じ始めたとされる。

五月二十七日、山口組は宅見勝の主導で渡辺体制の執行部人事を決めた。渡辺にしても神戸・宇治川の自宅に招き入れるのは宅見だけといった風に、宅見を全面的に信頼していた。両者の間に利害の不一致はないという考えだったろう。

若頭補佐は英五郎（英組、大阪）、倉本広文（倉本組、奈良）、司忍（弘道会、愛知）、前田和男（黒誠会、大阪）、滝澤孝（国領屋下垂一家、静岡）の五人である。総本部長に岸本才三（岸本組、神戸）、副本部長に野上哲男（二代目吉川組、大阪）。

新設の最高顧問には中西一男（中西組、大阪）、顧問には益田佳於（益田組、横浜）、小西音松（小西一家、神戸）、伊豆健児（伊豆組、福岡）が就き、以上四人は渡辺との間に盃ごとなしですませた。

また舎弟頭には益田啓助（益田組、愛知）、舎弟頭補佐には石田章六（章友会、大阪）、大石誉夫（大石組、岡山）、西脇和美（西脇組、神戸）、それに時期をずらして桂木正夫（一心会、大阪）の四人が就任した。

これら新人事の発表に先立ち五月十八日、五代目組長・渡辺芳則は山口組本家で舎弟二十四人、若衆四十五人と盃直しを行った。このとき尾崎彰春の実子尾崎勝彦（徳島）など四人も新規に直系若衆に昇格し、以後、山口組は段階的に直系組長を増員、年末までに百人の体制を目指すとした。盃事には竹中武、二代目森川組組長・矢嶋長次（愛媛）らは欠席した。

竹中組の離脱

こうして発足した五代目山口組は、とりわけ竹中組に対して大きな矛盾を抱えることになった。それまで山口組の全直系組長を山口組本部に集める定例総会は、四代目組長・竹中正久の命日に当たる二十七日と決められていたが、この六月からは三代目田岡一雄の時代に復帰、毎月五日にと変更された。

六月五日の定例総会では竹中組・竹中武、二代目森川組・矢嶋長次、牛尾組・牛尾洋二（姫路）、森唯組・森田唯友紀（加古川）の四人の山口組からの離脱が発表された。これら離脱の各組は竹中武との関係が親密だった。森唯組・森田唯友紀は竹中正久の時代に竹中組から直系組長に取り立てられた。牛尾洋二はもと湊組（姫路）の出身だが、個人的に竹中武ときわめて近い。矢嶋長次はむしろ竹中正久との関係が濃く、年も竹中武より上だが、竹中武と考え方を同じくする面を多分に持つ。

これら四組は離脱後、竹中武を中心に親密な関係をつづけるものの、基本的には牛尾を除き独立の組織である。一和会のように山口組に対抗する一派ではない。牛尾洋二はあとに舎弟頭補佐として竹中組に加わった。

山口組は離脱する竹中武に対し、近親憎悪ともいうべき悪感情を抱いた。あげく四代目竹中正久の位牌《いはい》を竹中武に押しつける挙に出た。先の定例総会の日取りの変更とあわせ、四代目山口組色を拭《ぬぐ》い去る行為といえよう。

山口組では竹中正久らが襲撃された1・26事件後、正久の位牌をしつらえ、仏壇を買い入れた。高さ約一八〇センチ、幅約九〇センチという大きなもので、これを山口組新本家に安置していた。だが同組は前記のように顧問の役職を新設、顧問たちの会議室に不足した。五月末の段階では仏壇を隣室に移し、そのあとを顧問室にする段取りだったとされる。

だが六月四日、総本部長・岸本才三、舎弟頭補佐・西脇和美、直系組長（神戸）・佐藤邦彦の三人が岡山に竹中武を訪ね、この位牌、仏壇を引きとってくれと運び込んだ。

もちろん竹中家にも同規模の仏壇がある。姫路市御着の正久の生家に安置されたもので、竹中組は竹中正久の法事等をここで執り行っている。つまり山口組からの仏壇贈呈は竹中組にとって屋上屋を架《か》す行為に等しかった。

竹中正久の位牌、仏壇さえ邪魔もの扱いする山口組執行部は組内の批判を呼んだ。

「どこの組にだって先代の位牌ぐらいある。だいたい三代目（田岡一雄）の仏壇は旧本家にちゃんとあるんだから。それを邪魔もの扱いするような執行部はこれはまずいわな……」（直系組長）

山口組の対竹中組戦略は帝国主義の論理に満ちみちていた。利用し、奪い、攻めとる露骨さは文字通り暴力団の本姿を見せつけることになった。

山口組では五代目襲名式時の霊代には、竹中武にかえて中西一男を立てることにした。中西が霊代を自ら買って出たものである。だが、霊代はよしとして、守り刀をどうするかが未解決だった。故竹中正久が四代目襲名式の際、田岡一雄の霊代フミ子から譲り渡された守り刀は竹中武の管理下にあった。一時、執行部内には、

「一千万円でも二千万円でも出してやな、名刀を買って、それを守り刀にすればええやないか」

という論まで出たが、間に合わせの守り刀なら五代目山口組の正統性が疑われる。竹中武に刀を譲ってもらうしかなかったのである。

六月二十五日、山口組執行部は最高顧問・中西一男、舎弟頭補佐・石田章六、若頭補佐・倉本広文、同・前田和男の四人をもって岡山の竹中武を訪ねさせた。

彼らを迎えて竹中武はあっさり答えた。

「かまへんよ。守り刀は持ってったらええ。しかしまず五代目の名で登録をすますことが先やがな」

美術的な刀剣類を所有しようとする者は文化庁への登録を必要とする。故・竹中正久も登録の上、所持していた。銃砲刀剣類所持等取締法の第一四条にそうある。

ところで、竹中正久は一九八五年（昭和六十年）一月二十七日に死没した。守り刀は竹中家により相続された。法の定めでは死後二十日以内に相続者はその旨、文化庁に届け出なければならない。

だが、守り刀は代々の山口組組長に伝えられるべき性格のものである。組長が以後四年あまり決まらなかったとはいえ、山口組組長ではない竹中家のものが刀の相続者として名をつらねるべきではない。——竹中武はこう考えていた。名を出せば刀の持つ象徴的な意味合いが薄まる。

そのため守り刀は保管されたのみで、所持者の登録という面では宙に浮いていた。これをうかつに渡辺芳則に渡せば、渡辺が罰せられるだけでなく、竹中家の者も罰せられる。

だからまず渡辺が相続したという届け出をして、その書類が調った段階で、守り刀の移動をしようという竹中武の考えである。それなら法的に、警察からつけ込まれる隙がない。中西らもこれには納得せざるをえなかった。

「刀のほうはそうしてくれたらええ。書類が出来たらいつでも渡すがな。——五代目はよう兄貴（故竹中正久）のところに花してくれよる。これを（渡辺に）渡すよう頼まれてくれへんか」

竹中武が取り出したのは純金製三つ重ねの金杯である。竹中正久が生前、誕生日に祝われたもので、山菱の代紋が浮き出してある。買えば数百万円はするだろう。

「形見分けみたいなもんや」

竹中武はそういって金杯を中西一男に託した。渡辺芳則は竹中正久の命日（毎月二十七日）というと、決まって姫路市御着の生家仏前に花を供える。それへの感謝の気持ちというのだ。

こうして中西一男、石田章六、倉本広文、前田和男は岡山の竹中武宅を辞した。七月五日、渡辺側の書類が調った。竹中武はすぐ使いの者に守り刀を持たせ、三代目山健組組長・桑田兼吉のもとに届けさせた。桑田はいうまでもなく渡辺芳則子飼いの腹心中の腹心である。

この刀が無事、渡辺の襲名継承式に用いられた。一時期、山口組執行部の側には竹中武が守り刀を渡さないのではないかという疑念も生じていた。だが、竹中武は五代目・渡辺芳則に対しては柔軟に対応した。

同じ六月二十五日、「五代目山口組幹部一同」の名で同月五日付の通知が他団体に向け発送された。矢嶋長次、竹中武、森田唯友紀、牛尾洋二の四名は「今後五代目山口組とは何ら関係無き事を御通知」するというものである。字義通りに受け取るなら除籍であり、処分の意味はいっさい含まないはずであった。処分される理由もまたない。

竹中組への連続攻撃

だが山口組は守り刀さえ取れば用なしとばかりに、その前後から竹中組への攻撃を始めた。七月三日夜、岡山市新京橋の竹中組本部事務所目がけて、走る車内から拳銃が二発発射された。翌四日には姫路の牛尾組組員が病院で治療を受け、帰ろうと玄関ロビーにさしかかったとき、待ち伏せていた男二人が立ち上がって銃弾三発を浴びせた。弾丸は牛尾組組員と同行の少年の足に当たり、負傷させた。

これら二事件の詳細は不明だが、いわば山口組によるフライングと見なしうる。竹中組攻撃の意図ははっきりしていたものの、あまりにも時期が早すぎた。攻撃はここで一時中断する。

七月十八日、竹中組は山口組の代紋をおろし、新代紋を決定した。山口組と同様、中央にタテの線が入った菱型で、その内側に竹の字をデザインしている。

二十八日には竹中組総会を開き、新人事をも決定した。牛尾洋二を舎弟頭補佐に加えたほか、副組長に青木恵一郎（高松）、総本部長に笹部静男（姫路）、組織委員長に貝崎忠美（岡山）という陣容である。同時に竹中組の山口組からの離脱に反対した舎弟頭補佐・杉本明政（津山）を除籍、若頭補佐・生島仁吉（大阪ミナミ）、同・宮本郷弘（大阪浪速）の二人を破門、の各処分に付した。

竹中組では組長・竹中武が山口組離脱の意志を明らかにすると、組内の多くから反対の声がわき起こった。山口組の代紋でなければシノギがしづらいからである。経済主義、現実主義の浸透は竹中組組員に対しても例外ではなく、彼らの多くは竹中武の理念的なるものを半ばまで理解しつつ、最終的には生活の安定を選ぶ。とうてい勇将のもとに弱卒なしとはいかなかったのである。

他方山口組は一九八九（平成元）年七月二十日、山口組本家で五代目組長の襲名継

承式を開いている。式に参加した他団体は少なかったが、全国から寄せられた祝儀は巨額に上ったはずである。暴力団世界の慣わしとして祝儀の半分は先代組長の未亡人なりに贈る。竹中正久も田岡フミ子に全額を差し出し、フミ子はその三分の一だけを納めている。だが、渡辺芳則は竹中正久の内妻に祝儀の一分なりと届けなかった。四ヵ月後山口組は本家で四代目竹中正久の組葬を直系組長を中心に少数の参列で催したが、喪主は正久の内妻と発表しながら、内妻の列席はなかった。喪主は急病とその場はつくろったものの、喪主なしの異例の組葬の開催である。

しかも事後、香典として彼らの感覚では少額すぎる三千万円を内妻に届けて、かえって突き返されている。竹中正久と三十年近くつれそった内妻にしても、夫がつくった竹中組を突き崩されて面白く思うわけがない。こうして山口組の対竹中組戦略は根本から狂い、随処にほころびが出た。暴力世界の〝常識〟に照らしても、山口組にはなにひとつ大義名分がなかった。

しかも竹中組では前記、杉本明政らの除籍、破門通知に「なお、この者との縁組盃事かたくお断り致します」と記したが、山口組は七月二十九日の臨時直系組長会で「竹中組の組員で拾えるものは拾ってもよい」との通達を出したとされる。八月一日、宅見勝は早速これに乗り、大阪ミナミの宅見組総本部で杉本明政、宮本郷弘と舎弟の盃を交わした。杉本明政は特に宅見に買われ、宅見組組長代行という要職にも任じられている。

宅見勝が竹中組の元幹部をあえて配下に加えたのは象徴的である。ふつう暴力社会では、ある組がその組員を破門、絶縁した以上、他の組はその組と衝突する覚悟なしに、処分された組員を抱えることはできない。処分した組のメンツと組織原則を無視した行為になるからである。

竹中組としては宅見勝に処分の組員を拾われた以上、宅見組に一矢報わねばならないところである。だが、竹中武が山口組から離脱した最大の理由は山本広への報復の続行である。その大望を果たすまでは他の抗争は回避しなければならない。しかも山口組との間で数のつぶし合いをすれば、数に劣る竹中組が敗れるのは必至である。竹中武には忍耐の一字しかなかった。

この時点で、山口組は宅見の対竹中観で一本化されたと見るべきだろう。組内には宅見を批判し、竹中武に同情する声はあっても、宅見の威令を恐れ、両者間の調停に立つ者はなかった。岐阜・大垣の直系組長である中谷組・中谷利明がほどなく引退する憂き目にあうのは、中谷が竹中武の生き方に同調する言葉を吐き、宅見から詰め腹を切らされたため、と伝えられる。組長・渡辺芳則がこの時点でどのように竹中武を考えていたのかは不明だが、渡辺にしろ発言を控えていた。対竹中戦略を左右する力はなく、単に一身に仁義なき竹中組攻略の汚名を着る役割を引き受けたのである。

孤塁の竹中組

山口組系の各組はその頃アメとムチをもって竹中組の末端組織に迫っていた。鞍替《くらが》えの勧めとシノギを寄越せとの強要である。たとえば姫路競馬場でのカスリを寄越せ、競馬場そのものへ出入りするな、姫路魚町に軒を並べる飲食店の用心棒は以後こちらでやるなど、竹中組系の各組に対し諸所で圧迫を加えていた。

そのため八月二十三日、姫路、神戸間を地盤にする竹中組系組員たちは自発的に集まり、対策を協議した。山口組系に対し、どう対処するか、各組から三人ずつ選抜隊を出し、きっちり出るべきところは出ようじゃないか、という案も出された。だが、協議は煮つまらず、だらだらと続くばかりだった。

おそらく内通者がいたのだろう。同日夜八時すぎになって竹中組若頭・大西康雄の大西組事務所に銃弾が撃ち込まれた。ついで竹中組舎弟・笹部静男の笹部組事務所にもカチ込ミがあった。翌二十四日の夜には牛尾洋二の牛尾組仮設事務所も銃弾を撃ち込まれた。

こうして二十八日まで連日、竹中組系列へのカチ込ミ事件が発生した。二十五日系列の山本組組長・山本浩司宅、二十六日竹中組相談役・竹中正宅の隣に三代目山健組内疋田組の組員が八トントラックで突っ込む。同日、系列の林田組組長・林田誠一宅に三代目山健組内村正会組員がカチ込ミ。二十七日高松の竹中組二代目西岡組事務所に銃弾。二十八日神戸市灘区の竹中組系一志会事務所に撃ち込み――という状態である。

竹中組組員は大きく揺さぶられ、若頭以下あらかたが竹中組を脱落し、山口組に吸収された。一時構成員一千百人とされたが、最終的には数十人の規模にまで落ち込んだ。竹中武も一部古参の組員などに引退を勧めるなど少数精鋭化の意向を持つと見られる。山口組のカチ込ミに対してカチ込ミで応えることは一切していない。

八月三十一日、山口組は倉本広文、司忍、前田和男の三若頭補佐を竹中武宅に派し、どのような理由に基づくものか、引退、解散の勧告をした。竹中武は「そんな話はワシのタマを取ってからにせい」と拒絶したと伝えられる。

回答期限の九月四日から竹中組攻撃が再開された。四日、岡山の貝崎組事務所、姫路の竹中正宅、六日岡山の宮本興業などへの銃撃である。竹中武と同時期に山口組を離脱した森田唯友紀はすでに八月初め引退を決め、矢嶋長次も引退して、山田忠利を二代目矢嶋組組長に立て、そっくりその若い衆を山口組に戻した。牛尾洋二も引退し、竹中武ひとり孤塁《こるい》を守る感が深い。こうした竹中武との対比により、山口組の体質の変化が浮き彫りにされる。

第七章　合理化する山口組

八王子事件と札幌事件

一九九〇(平成二)年二月十五日、山口組の若頭・宅見勝の系列下の組員二人が東京・八王子《はちおうじ》で殺された。二人は市内の飲食店で酒を飲み、居合わせた二率会の組員と口論。途中、引き揚げた組員を追って二率会の事務所に押しかけ、逆に包丁で腹などを刺され、殺された。

事態は十日後、山口組と二率会との間で和解が成り、ひとまず解決を見た。だが、この間、山口組側は二十回近いカチ込ミを二率会側に行い、その異常なまでの回数の多さに八王子市民は神経をとがらせ、警視庁は山口組が東京進出の思惑との観測を流した。関東二十日会に属する在京の暴力団も、「山口組は何を考えてるんだ。あまりなめたまねをすると、うちの方も考えなければならない」と反発した。

カチ込ミは建物めがけ拳銃を発射する行為であり、もっぱら威嚇、警告を意味する。逮捕されたところで三〜五年程度の刑期である。そのため抗争参加の実績は作りたいが長期刑はご免、という現代暴力団気質にかなうのか、近年多用されている。もちろん一部暴力団は、腰が引けたみっともない行為としてカチ込みの意義を認めたがらない。

この八王子事件と対照的に札幌事件がある。

九〇年一月四日、札幌で山口組直系初代誠友会総長・石間春夫が共政会系維新天誅会組員の手で射殺された。二月二日、共政会は射殺事件の容疑者二人が属する同会系稲田組（札幌）組長・稲田鉄夫を絶縁、その上部団体、島上組（広島）組長・島上守男を破門の処分にした。さらに三月四日には山口組と共政会との間で和解が成立、札幌事件はひとまず幕を引いた。

この間、二月二十四日には山口組系の手と見られる島上組への報復があることはあった。島上組組員・松村和美が組事務所近くの駐車場にたむろしていた際、乗用車で通りかかった数人づれの犯人グループと口論になり、銃弾を腹などに三発浴び、重傷を負った事件である。島上組はすでに共政会から破門され、この日事務所を閉鎖していたのだから、事件は和解交渉に影響しないというわけだったろう。

一部マスコミはこの札幌事件の際にも〝山口組、山陽道で共政会と全面戦争か〟と大抗争を煽《あお》り立てるような情報を流した。常識的にいえば、これはその通りだったろう。なにしろ山口組の直系組長が射殺されたのである。竹中正久らが射殺された1・26事件を除けば、前代未聞の変事であり、山口組が報復のため共政会と全面対決に入っても不思議ではない。

しかし、全面戦争への予測は山口組の体質変化を見落とした論である。従来の常識が今は通らない。山口組は三代目・田岡一雄の時代の山口組ではない。

事件発生直後、山口組は共政会への報復攻撃にストップをかけていた。

「共政会は今反山口組と非山口組の二派に割れている。今回の事態はこの二派のうち、どちらがやったかわからない。したがって目標が立たない。情報収集につとめるから、今は反撃に動くな、というわけです」(直系組長)

「今の執行部はおかしい。かけひきばかり考えている。かけひきで通る問題、通らない問題があるということ、わかっているのかいな」(同)

つまり共政会に対して報復ではなく、和解を求めたのは、最初から山口組の方だったと読める。直系組長を殺されたのなら、ある程度共政会幹部にダメージを与え、しかるのち和解なら和解、というのが山口組の常識だったはずである。過去の山口組は夜桜銀次という一系列組員が殺されただけで、山本健一指揮下の組員二百五十人を福岡に送り、まともに地元暴力団と全面対決しようとした。

もちろん今は警察の警備力の強化で、現地大量集結など思いもよらない。だが、石間春夫は渡辺五代目のレッキとした舎弟である。報復の一矢《いっし》さえ放たない段階で、いきなり平和解決の模索というのは従来の山口組ではありえなかったことである。おそらくはやみくもに共政会に報復し、石間殺害に批判的なグループまで敵に回し、ズルズルと抗争拡大の泥沼に踏み込みたくはない、という配慮が働いたと見られる。

しかし暴力団社会の常識では、札幌事件と八王子事件とどちらが大きいかといえば、これは文句なく札幌事件である。位によって人の生命の価値に上下があるのが暴力団社会だからである。

平和主義と攻勢

だが、札幌事件では、現地札幌で稲田組事務所に対するパワーショベルでの突っ込み、稲田組幹部狙撃事件（三月一日）があり、広島で前記島上組組員銃撃事件があった程度である。ひき較べ八王子事件では、カチ込みとはいえ、二十件近い発砲事件が続発した。

ここから導き出される結論は、山口組組員にとって、東京は広島より身近なこと、若頭・宅見勝の率いる組の系列組員の死の方が舎弟・石間春夫の死よりも大きいこと――の二点である。他に両事件とも平和裡に解決したのだから、山口組の平和主義への転換をあらためて数え立ててもいい。

それなら竹中組への攻撃はどうか、との疑問が生まれる。たしかに山口組は無謀な攻勢を竹中組にしかけている。

九〇年一月二十三日には竹中組元相談役・竹中正の姫路の自宅前に火炎びんが投げ込まれた。同宅には八九年八月末と九月初めカチ込ミがあったが、それ以来の事件である。

二月五日には姫路市北条に建築中の竹中正所有の家が放火された。火は鉄骨二階建て延べ約八一〇平方メートルのうち一階の床など約六〇平方メートルを焼いた。

さらに二月二十七日、竹中正久四代目の月命日に、竹中正の配下組員が犬の散歩中、後ろから近づいてきた白い乗用車の三人組に銃撃された。組員は近くのタクシー会社に逃げ込み、死は免れたものの、銃弾は背中から腹を貫通しており、一ヵ月の重傷である。

竹中組元相談役・竹中正は竹中組の金庫番と見なされ、狙い撃ちされたという観測もある。以降、目標は拡散していく。

三月三日には竹中組とともに八九年六月山口組を脱退し、八月に解散した元牛尾組組長・牛尾洋二の営む不動産会社が狙われた。白昼、黒ジャンパー姿の男が「社長はいるか」と会社に乗り込み、いきなり三発を撃って逃走した。弾丸は従業員二人の左足、腰に当たり、重傷を負わせた。

事件発生直後、山口組関係者の乗用車が県道の側溝に脱輪、エンジンも切らずに放置されていた事実がある。

次の日、三月四日は故竹中正久の内妻宅へのカチ込ミである。内妻は八九年春、姫路市延末《のべすえ》に住居を新築、以来独り住まいをつづけていた。同家の新築祝いには渡辺芳則、中西一男も駈《か》けつけている。

犯人は午前六時すぎ、電動式の門扉を鉄棒で叩き壊し、玄関前にまで入って玄関の木戸と表札に五発の銃弾を撃ち込み、車で逃走した。この犯人は依然、不明なものの、一連の流れから山口組系組員のしわざと推定されている。

事件は相変わらずの山口組の対竹中戦略の混迷を語っている。兵庫県警は翌五日、姫路署で山口組の発砲、放火事件に関する緊急対策会議を開いたが、会議後の記者会見で県警本部刑事部参事官・箱崎逸夫は、

「先代組長の内妻を襲撃するなど山口組は現在、統制を欠いた状態にある」

と決めつけた。また兵庫県警幹部も、

「先代組長の妻といえば、山口組組員らにとっては〝親〟同然。これに対して刃を向けるなど、これまでの暴力団社会の常識からは考えられない」

と語ったと『神戸新聞』（九〇年三月十一日付）は報じた。

さすがに山口組もこの事件にはバツが悪かったのだろう。事件発生の夜には姫路の直系神田組の幹部らが内妻宅におもむき、寝ずの番に当たったし、犯人が山口組組員と判明した時点では山口組執行部が詫びを入れる意向と伝えられる。

密約説

山口組側の竹中組攻撃は三月五日深夜から六日未明にかけて竹中組の現在の本拠

地、岡山にエスカレートした。五日夜、竹中組組員・熊原健祐が車で市内十日市《とうかいち》東《ひがし》町の自宅に戻ったところ、待ち伏せしていた者に首や胸などを拳銃で撃たれ、出血多量で死んだ。つづく六日午前四時ごろには、同市並木《なみき》町の飲食店経営者が自宅に帰る途中、同じビルに住む竹中組組員と間違えられたためか、後ろから何ものかに腰を一発撃たれ、一ヵ月半の重傷を負った。

十二日夜にはさらに鳥取県倉吉《くらよし》市にも飛び火し、竹中組幹部・八栗拓一が道路を歩行中、いきなり背後から声をかけられざま拳銃を撃たれ、胸や腹に被弾、まもなく死亡した。

これで竹中組には二名の死者が出た。抗争とはいえ、山口組の一方的な攻撃で、竹中組は山口組に対してカチ込みひとつ仕掛けてはいない。

山口組の竹中組攻撃の再開は何を意味するのか。浮上したのが山本広引退時の山口組密約説である。八九年三月、稲川会、会津小鉄会の協力で「山本広引退、一和会解散」が実現した。そのとき両組織立ち会いの上で、山本広の以後の生命の保障と、竹中組が山口組を離脱した際には、山口組の責任で、竹中組を取りつぶすという約束をしている、というのである。

だが竹中組は組員を大幅に減らしたものの、なお健在である。しかも九〇年一月二十四日には、山口県柳井市の旧一和会幹部宅に竹中組組員が侵入、家族から山本広の所在をしつこく聞き出そうとしたという一件があった。

これが山本広や稲川会などに伝わり、「竹中組はつぶれてもいないし、いまだに山本広を狙いつづけてもいる。どういうことか」と山口組は約束の履行を強く迫られた。結果、竹中組攻撃の再開につながる――という。

つまり竹中組攻撃は山口組がいったんは敵として狙った山本広の生命と生活を保障するため、やむなく仕掛けるという倒錯した現象になる。山口組が札幌事件や八王子事件を和解でおさめた論理の延長線上にやはり竹中組攻撃もあると見るべきだろう。

竹中組攻撃は山口組の矛盾であり、自己否定である。

新しいヤクザ像

山口組の近代化、合理化ともいうべき現象が進んでいる。末端組員から上層部に至るまで「最小努力の最大効率」という姿勢は一貫している。

近代化は端的には経済化である。いかにして多くの金を得、いい暮らしをするか、に力点が置かれる。一般人の多くと同じだともいえるが、一般人の場合には、多少とも、仕事を通して世の中のお役に立つという意識が働くし、事実、それはその通りのはずである。暴力団は反社会的な存在とされ、「世の中のお役に立つ」という意識が彼ら自身に許されるかどうかは大いに疑問ではある。

だが、その点を抜きにすれば、組員たちひとりひとりはシノギというサービス産業に働く自営業者といったおもむきが強い。

「わし喧嘩はようしません。その力もないし。今いちばん、考えていることは素人の人に可愛がってもらういうことだけですわ。実際わしらの仕事いうたら、顔を知ってもらって可愛がってもらう、これで七割いくのとちゃいます？」（山口組系の中堅組員）

具体的には中小規模の建設業や風俗産業、不動産業や金融業などを営む社長や店長といった者のお近付きを得、債権―債務の関係などのもめごとの際、解決を任されるということだろう。ほとんど出入り業者といった雰囲気さえ漂う。

たしかに平和的ではある。だが、組員の手がける〝仕事〟が暴力団の持つ威迫力を背景に行われることは間違いない。それなしには単に仲介者、口きき役、お使いにとどまってしまう。「社長連中」もそんなものに大金は出さない。

そこで物をいうのが所属する暴力団の名前である。〝仕事〟の現場では、相手側が依頼した別の組織の者と対決することが多かれ少なかれある。あるいは話を嗅《か》ぎつけた他組織の組員と鉢合わせし、利益の奪い合いになることもある。

これを腕ずくでなく、平和的に有利に解決するのが暴力団の名前である。山口組なら、組織の大きさと過去の好戦の歴史から、他組織が黙って手を引く可能性は十分にある。実際に現場にいる組員が暴力的であるかどうかは問題でなく、振りかざす名刺が物をいう。

つまり山口組にいるとシノギがしやすい。ここから「寄らば大樹の陰」といわれる山口組の肥大化が始まった。構成員二万二千人（二〇〇一年六月「指定暴力団」のうち山口組は約一万七千九百人とされる）、実に全国の暴力団員の四人に一人が山口組系組員という突出ぶりだ。現在の山口組の肥大化は組員の持つ経済願望の結果である。

しかし、こうした経済性は抗争と相反する。より多くの金を得て豊かな生活を望むものが、敵を殺傷し、楽しむべき十数年間を刑務所の塀の中で過ごすのを嫌うのは当然である。ヤクザのサラリーマン化の表れの一つは、安定した平穏な生活を破綻《はたん》させまいとする意識であり、その本質は自営業者としての経済意識の深化である。彼らは所属する組から給料をもらっているわけではない。組長に雇《やと》われているわけでもない。あくまでも代紋と組名を背景に、シノギで生計のもとを稼ぎ出しているのは彼ら自身である。ここから突き詰めれば、組と自分は別という自立の意識が生まれる。サラリーマンほど組織に忠実でもないし、所属感も強くない。

暴力団は家族関係をまねて組織をつくる。親分、子分、舎弟という弟、若者頭という長男、すべてそれである。親分から盃を許されて、その子分になるときには、

「生みの親のあるのに、あらためて今日から何某さんの子分となるからには、親のいうことは白いものを黒いといわれても、はいといわなければならないが、それを覚悟してこの盃を受けなさい」

という口上を聞かされる。

つまり親分への絶対服従が基本のはずだが、事実上、暴力団組員の経済化の進展でこれは崩れている。一般人の多くは依然として、ヤクザは親分―子分関係で動いていると思っているから、その空洞化は驚くべきことと映る。ときに一般人でさえとらない行動に走るからだ。

「盃の契りよりカネ」

一九九〇年一月二十九日付『神戸新聞』夕刊「ニュースの追跡」欄はヤクザ社会の現状をこう伝えている。

「崩壊、ヤクザ社会の〝論理〟／盃の契りよりカネ／『犯罪者集団化』一層露骨に／組長見限り大量脱退、殺人まで……」と見出しにうたい、リード部分に、こう記している。

「絶対的な服従や序列による統制で組織を維持し犯罪を重ねてきた暴力団社会。その論理の崩壊が最近目立っている。川西市・一庫《ひとくら》ダムの広域暴力団山口組系組長射殺事件で、逮捕されたのは組長側近の幹部たちだった。また、昨年、山口組を脱退した竹中組では、千人以上いた組員があっという間に組長を見限り、山口組に復帰した。市民の平穏な暮らしに土足で踏み込む〝悪の権化《ごんげ》たち〟。兵庫県警では『金のためなら何でもするという犯罪者集団の傾向が一層強まった』と動向に神経をとがらせている」

たしかにこの通りだろう。義理や契約の意識があるとはまず思えない。結局は組員の一人ひとりがわが身大事の自営業者だから、というほかにない。自己の利害に敏感で、損かトクかで行動する。組は組自体として〝仕事〟をしているわけでなく、組員の力量と才覚に任せて、その集まりが組という組織をなしているだけである。

新規に組員を迎え入れることは簡単である。その組員が従来行っていたシノギをそのまま認め、単に看板の書き替えを行えば、それで完了である。あとは月々、会費なり上納金を徴収すればそれでいい。契約金を払ったり、給料を支給する世界ではない。

組織を増大することに伴う出費はなにもなく、プラスだけが見込める。直接的には会費、上納金の類のカサが増え、間接的には組員の増加に伴い対外的に威迫力がアップする。経済が組員と組をともに動かす共通の原理である。

五代目山口組の行方

山口組のトップも末端組員と同様、重視するのは経済であり、組織増である。

山口組の圧倒的な兵力による暴力団世界の平和、というのが渡辺芳則の考えといっていい。渡辺は兵力増は組員増によって達せられると見る。

つまり山口組の肥大化は個々の組員たちのシノギのしやすさという願望の結果であると同時に、抗争を支える経済力＝組員増というトップの指向の結果でもあることはここに明らかである。

上下ともに抗争はしたくない。回避する道は組員増で山口組の兵力アップ、と考える渡辺にも、ある種の合理化、近代化、経済化の考えが横たわっていることが見てとれる。この意味で渡辺は暴力団社会のニューリーダーの資格がある。

だが、ここで問題になるのは、果たして山口組の肥大化は山口組の強さなのか、という検証である。おそらくそうではあるまい。札幌事件、八王子事件に見る通りである。

抗争の回避もまた近代化、合理化の一方途である。首脳部にとって、系列組員が報復に走って服役したところでなんの痛痒《つうよう》も感じないはずだが、それでも抗争は回避したい。大抗争となれば彼ら自身の行動の自由が縛《しば》られる。再報復の矢が自身に向けられるかもしれない。殺人の教唆や共謀共同正犯で自らの逮捕、服役という事態も考えなければならない――。

さまざまな理由が考えられるが、最大の理由は対警察関係の悪化であろう。山口組はすでに警察庁のコントロール下に入ったと見ていい。関東二十日会が二次抗争を禁止しているのと同様の発想を山口組は札幌事件でもとったと考えていい。

どのように重要な人物であろうと、「死んだものはしかたないがな」という考えに立てば、報復するために現に生きている組員や組幹部が苦しむことは馬鹿げている。報復のかわりにとる手段は話し合いであり、弔慰金の支払い―受領である。こうした関東流の考えは、渡辺芳則にはきわめて浸透しやすい。これがまた警察推奨の抗争解決法でもある。

先に引用した『神戸新聞』の記事はまたこうも記している。

「初代誠友会石間春夫総長（五九）が射殺された事件でも〝異変〟があった。兵庫県警によると組の最高幹部が殺されたのに、渡辺芳則組長は他団体との新年会に出席し、葬儀には参列しなかった。石間総長は北海道で強引な勢力拡大を図り、各地で、トラブルを起こしたのが今回の事件の背景。殺人で逮捕された元組員の背後には中国最大の暴力団で、昭和三十年代後半、山口組と血で血を洗う抗争を繰り広げた共政会がある。県警捜査員の間では『渡辺組長が出席したのは他の有力広域暴力団の新年会だった。一組長の死よりも組全体の今後に重点を置いたのでは』との憶測《おくそく》も流れている」

たしかに死んだ者はしかたないという発想に基づいていそうな行動である。合理的思考と評すべきだろう。

竹中組攻撃もまた「竹中的なるもの」、すなわち伝統的武闘路線の、山口組による否定の過程として捉えるべきものだろう。一見、好戦的に見えて、好戦とは相隔《あいへだ》たる地点から攻撃は行われた。

位牌の返却や、わずか参列者二百二十人の規模で故竹中正久の組葬をすませたことに如実に見てとれるように、五代目山口組は四代目の示した伝統的武闘路線や警察との緊張的な敵対関係を拭い去り、合理化、近代化、経済化、東京化（関東ヤクザ化）を推し進めようとしていると見るべきだろう。

ここで思い起こすのは山口組と一和会の肌合い、路線のちがいである。竹中正久が伝統的暴力重視と評されるなら、山本広は開明的、知能重視と言うことが出来たろう。現に元一和会幹事長・佐々木道雄は1・26事件直後の手記にこう記していた。

「三代目山口組の二大要素である伝統的暴力指向と開明的知能指向のうち、どちらを採るかが問題だった。姐さん（田岡フミ子）は、時代に逆行して暴力指向を選んだ。……姐さんは、強い山口組でありたいため、親分の暴力面での足跡に照らし合わせ、極道の根源である〝暴力〟を選んだのである。……

たしかに昭和三十年代から五十年代前半までの山口組は『イケ、イケ』の暴力指向をあからさまに見せ、勢力を伸張していった。だが、親分（田岡一雄）の頭のなかには明らかに他組織との共存共栄――つまり、平和路線を究極的に追求することが描かれていた。

私のかけがえのない親分は、極道の根源である〝暴力〟を前面に押し出しながらも、立派な平和共存論者であった。時代の流れを読み取るに〝敏〟な親分だった」

佐々木道雄の立論が正しいとして、渡辺芳則とその執行部の施政は〝開明的知能指向〟に似ると指摘できよう。なにしろ直系組長を射殺されながら、ただちには報復に動かず、和解したのだから、伝統的暴力指向ではありえない。相当の開明的知能指向と見るべきだろう。

だが、重要なのは山口組は勝ち、一和会は敗れたという事実である。まして関西には、関東のように警察のコントロール下にある関東二十日会といった連合体はない。

来るなら来いという暴力団の原型を色濃く残す環境である。

そこで山口組だけが「抗争は損、警察は敵に回さない、相手は組員の数で圧倒、儲かる暴力団に」という経済重視の路線を通せるものかどうか。少なくともこうした路線が従来、山口組が持っていた演劇性（抗争は無関係の市民を喜ばせ、慰謝した）を薄れさせ、社会的関心度を低めることに働くのは間違いあるまい。もはや山口組は昔話への途上にあるというべきだろう。

（本文中、すべて敬称は略した）

山口組抗争史年表

年	月・日	山口組の動向など
1984（昭和59）年	6・5	竹中正久、直系組長会で山口組四代目組長就任の挨拶。他方山本広派は大阪で竹中組長反対の記者会見
	6・13	山本広派、一和会という名称、役職、代紋を決める。会長は山本広
	7・10	竹中正久、徳島県鳴門で四代目組長襲名式
1985（昭和60）年	1・26	竹中正久、若頭・中山勝正、ボディガード役の南力、一和会系組員に吹田市で撃たれ、竹中正久は翌27日夜死亡
	1・31	故竹中正久の竹中家葬、約二千人が参列

年	月・日	その他社会動向など
1984（昭和59）年	6・25	警視庁、デパート伊勢丹が株主総会乗り切りのため論談同友会の他、協友会にも多額の商品券を贈っていたことを突きとめ、摘発
	8・17	長崎県の右翼団体「正気塾」のメンバー二人、長崎地裁大村支部の判事赤西芳文を拉致、監禁
1985（昭和60）年	10・5	稲川会最高幹部会、新人事決める。稲川聖城が総裁に、石井隆匡が会長に、稲川裕紘が本部長に決定

1985（昭和60）年

2・1	竹中組組長・竹中武、野球賭博容疑で岡山県警に逮捕され、以後86年6月まで勾留
2・5	山口組幹部会で四代目組長代行に中西一男、若頭に渡辺芳則を選任
2・23	山口組系豪友会組員が高知市営競輪場で一和会系中井組組員を襲い、二人を殺害、一人に重傷負わす
2・23	殺人容疑で指名手配中の二代目山広組若頭・後藤栄治、「一和会に見捨てられた」と山口組に詫び状を送付
3・6	山口組系宅見組内勝心連合会幹部ら二人、三重県四日市市の喫茶店で一和会系水谷一家元相談役・清水幹一を射殺
3・17	一和会系中井組内弘田組幹部ら二人、高知市の山口組系豪友会内岸本組事務所を襲い、銃撃、岸本組組員一人が5日後に死亡

3・24	山口組系竹中組内塚川組元組員、西宮市の甲子園球場駐車場で、一和会幹部大川覚の長男を銃撃、重傷を負わす
3・25	山口組系章友会組員二人、滋賀県栗東町の病院前で一和会系井志組内高橋組相談役を包丁で刺殺
4・4	豪友会内岸本組幹部、宅配便を装って高知市桟橋通りの一和会系中井組本部に乗り込み銃撃、組員二人を死傷
4・5	山口組直系組長会で札幌の初代誠友会総長・石間春夫を新たに舎弟に加えると発表
4・12	山口組系弘道会内薗田組幹部ら、一和会系水谷一家内隈田組の幹部ら二人を拉致、翌13日二人を死傷
4・23	山口組系二代目山健組内二代目健竜会傘下梁取総業の組員、和歌山市内のクラブで一和会系松美会内光山組組長を

1985（昭和60）年

	射殺
4・23	一和会系加茂田組傘下の混成部隊、神戸市花隈町の二代目山健組近くで同組員七、八人に乱射、組員一人は4日後に死亡、市民一人が巻き添えで重傷
5・5	山口組系紺谷組幹部ら二人、加賀市山代温泉の一和会系加茂田組内宮原組傘下奥原組事務所に宅配便を装って押し入り銃撃、組員二人を死傷
5・5	山口組系岸本組内南野組組員、神戸市加納町で銃撃され、死亡
5・29	山口組系後藤組と美尾組の組員ら三人、神戸市東灘区の山本広宅にダンプカーで突っ込み、機動隊員に応射
5・23	一和会系加茂田組内小野会会長、兵庫県加西市でパチンコ中銃撃され、軽傷
6・23	山口組系一心会幹部ら、高松市内のパチンコ店で一和会系二代目山広組幹部・

	岩附秀雄を射殺
7・6	一和会常任顧問・溝橋正夫、病気を理由に引退
7・19	元神戸市長・中井一夫の奔走で山口組、一和会ともに〝ユニバーシアード休戦〟（9月末まで）
8・1	一和会系加茂田組舎弟頭補佐（花田組組長）花田章、北海道北見市で稲川会系岸本組内星川組組員二人により射殺。8月26日小樽市で両組は手打ち
8・末	神戸市東灘区の一和会会長・山本広宅、兵庫県警の勧めで敷地いっぱいに鉄パイプ、ネットによるバリヤーを張る
9・2	山口組系織田組組長・織田譲二と竹中組相談役・竹中正、ハワイ・ホノルル市で銃器密輸、麻薬輸入、殺人謀議などの容疑で逮捕、以後86年4月無罪判

1985（昭和60）年	
	決を得るまでオアフ刑務所に勾留
10・27	山口組系竹中組内杉本組輝道会の組員・山本尊章と清山礼吉、倉吉市のスナックで一和会幹事長補佐（赤坂組組長）赤坂進と同組員一人を射殺。一和会幹部初の犠牲
11・19	一和会系加茂田組内花田組組員ら三人、北見市のキャバレーで稲川会系岸本組内星川組組長・星川濠希を射殺、86年1月15日両組は白老町で二度目の手打ち
12・20	一和会系中川連合会愛国青年同盟の幹部、神戸市の一和会本部前の路上で銃撃され、死亡
12・25	一和会組織委員長・北山悟、三ノ宮駅前のセンタープラザで三人組に銃撃され、負傷

1986（昭和61）年

1・21	山口組系竹中組内大西組幹部ら二人、一和会系加茂田組内小野会会長・小野敏文をその加西市の自宅に押し入って射殺
1・22	一和会系松美会内吉田組組員、和歌山市で運転中、銃撃され死亡
1・24	田岡一雄の未亡人フミ子、神戸市中央区の田岡満宅で肝硬変で死亡
2	稲川会などによる抗争終結工作
2・2	一和会系加茂田組内二代目大響会の組員、大阪・住吉区の路上で銃撃され、死亡
2・27	一和会系加茂田組内花田組の幹部ら、姫路市深志野の竹中正久の墓前で山口組系竹中組内柴田会の組員二人を射殺、終結ムードはご破算に
4・26	竹中組相談役・竹中正、ホノルル連邦地裁で全面無罪の評決を得、帰国（山
7・12	東京地検特捜部、神戸市北区の「屏風の土地」の売買をめぐる平和相銀の不正融資事件にからみ、売買を仲介、多額の手数料を取っていた会津小鉄会系高坂組組長・高坂貞夫らを逮捕
10・3	右翼大行社のメンバー三人、郡山市内で茨城大学二年生の車に追い越されたのに腹を立て、停車させて暴行殺害、米沢市内の沢に死体を遺棄
10・3	「よみうりランド」株などの買い占めで知られる河合大介、東京・白山の自宅で自殺、54歳

1986（昭和61）年

口組系織田組組長・織田譲二は4月21日無罪帰国）

5・21 山口組系竹中組内二代目生島組幹部・大宮真浩と北原智久、大阪ミナミの路上で一和会副本部長・中川宣治を射殺、一和会幹部二人目の犠牲

6・17 山口組直系後藤組内良知組幹部、埼玉県秩父で代議士・糸山英太郎をナイフで切る

6・19 竹中武、1年5ヵ月ぶりに保釈出所

7・12 一和会系悟道連合会会長・石川裕雄、竹中正久射殺の指示容疑で指名手配中のところ、福岡市のゴルフ場で逮捕

7・24 山口組若頭・渡辺芳則、神戸市内のゴルフ場での傷害容疑で兵庫県警から指名手配、8月14日兵庫県警本部に出頭し、逮捕。以後12月24日の保釈まで勾留

	8・18	兵庫県警、山口組vs.一和会抗争は事実上終息と県議会で表明
	8・中	山口組直系一力一家、浜松市海老塚に新築のビルに組事務所移転、付近住民が反対運動
	10・26	山口組系山健組内鈴秀組組員・中川制毅、大阪行きタイ国際航空620便にマニラから乗り込み、フィリピンで入手した手榴弾を機内で爆発させ、乗客、乗員ら六十二人が重軽傷負う
	11・5	山口組直系一力一家組長・青野哲也、暴力団追放運動で精神的苦痛受けたと住民らの代表九人に慰謝料1000万円を求め、静岡地裁浜松支部に提訴
	11・13	最高裁第二小法廷、一和会副会長・加茂田重政の上告を棄却、常習賭博罪で懲役1年が確定、収監に

1987（昭和62）年

1・21	山口組系豪友会会長・池本審、高知市のスナックで同会組員と口論、双方ピストルで撃ち合い、重傷
2・2	一和会常任顧問・白神英雄の射殺死体、サイパン島バンザイ岬沖で発見される
2・8	山口組執行部、対一和会抗争の終結を決定、一和会は2・10終結を決定
3・3	山口組系伊豆組と稲葉一家、道仁会と北九州市小倉で手打ち
3・14	大阪地裁、竹中正久ら射殺の一和会常任幹事・石川裕雄、二代目山広組内同心会会長・長野修一らに無期懲役の判決
6・5	山口組本部、月会費を60万円から80万円に引上げ
6・13	一和会系二代目山広組内川健組組員二人、大阪枚方市のレストランで山口組

1・13	右翼大悲会会長・蜷川正大ら三人、住友不動産会長・安藤太郎の東京・善福寺の自宅に押し入り、夫人らを人質に立てこもる
1・29	愛知県警新城署、松葉会系常磐連合国井一家最高顧問・伊藤義雄が茨城・鹿島町の自宅庭に埋めておいた現金1億1000万円を盗んだ疑いで同一家の幹部を逮捕
1・31	北海道民族団体協議会メンバー、住友銀行東京営業部で短銃10発を乱射
6・16	俳優鶴田浩二、肺ガンで死亡（62歳）
8・17	元千葉県議、入院先の館山市の病院で、訪れた建材会社社長を短銃で射殺、直後にこめかみを撃ち自殺
12・14	西武ライオンズの投手・東尾修、賭け麻雀で書類送検
12・16	伊パレルモの裁判所、シチリア・マフ

	系二代目山健組内中野会副会長・池田一男を射殺、初の終結破りに動く
6・20	一力一家組員、海老塚地区の住民側弁護団長・三井義広を刺し、重傷負わす
7・17	最高裁、山口組系益田組組長・益田佳於が住む横浜・山手のマンションの明け渡しで、住民側勝訴の判決
7・28	山口組直系菅原組組長・菅原光雄（姫路）、兵庫県警と山口組に「組解散並びに脱退声明書」提出
8・29	山口組系竹中組内原組組長・原重夫、茨城県鹿島町の自宅に訪ねてきた松葉会系組員二人を刺殺
9・14	竹中組組長・竹中武、岡山地裁で野球賭博無罪の判決
9・24	大阪弁護士会、山口組顧問弁護士・山之内幸夫を「弁護士としての品位を著しく傷つけた」と戒告処分

	イア十九人に終身刑を判決
12・21	プロゴルファー尾崎将司、稲川会会長・石井隆匡らとの交際明るみに

1987（昭和62）年

10・9	静岡地裁浜松支部、一力一家はビルで定例会を開くなどしてはならないとの決定下す。住民側は人格権をタテに、使用差止めを求めた仮処分を申請していた
11・5	元山口組本部長・小田秀臣、心臓病で急死（57歳）
11・6	三代目共政会会長・山田久、糖尿病で死亡（58歳）
11・20	静岡地裁浜松支部、1日に延べ七人以上の組員をビル内に立ち入らせた場合、一力一家は1日につき100万円支払えとの決定下す
11・26	山口組、故若頭・中山勝正と南力の合同組葬を神戸市灘区の山口組新本家で強行、直系組長ら二百五十人参列
12・1	竹中組、組本部事務所を姫路十二所前町から岡山に移転

1988（昭和63）年

1・2	一力一家組員、追放運動に参加のタクシー運転手に切りつけ、1ヵ月の重傷与える
1・3	二代目山健組内中野会組員二人、二代目山広組事務局長・浜西時雄を神戸市の山広組本部前で射殺
1・29	最高裁、ベラミ事件での狙撃犯、大日本正義団幹部・鳴海清を匿い、のち殺害したとされる忠成会幹部・衣笠豊ら三被告の上告審で「自白調書が信用しがたい」と大阪高裁判決を破棄、同高裁に審理のやり直しを命じる
2・16	一和会理事長・加茂田重政、宮城刑務所から神戸拘置所に移送の上、出所
2・17	山口組系竹中組若頭補佐（増田組組長）増田国明ら、加茂田重政の放免祝いから帰る山本広待ち伏せで逮捕、手
1・8	「憂国誠和会」幹部、「最上恒産の親玉・第一相銀は営業を中止せよ」とのビラを貼ったダンプカーを東京・神田神保町の第一相銀本店に突っ込み、1トンの砕石を撒く
2・4	米マイアミ連邦大陪審、パナマの最高実力者マヌエル・アントニオ・ノリエガを麻薬密輸容疑で起訴
4・22	元暴力団幹部・畑山充、東京拘置所内で首つり図り4月中旬死亡していたことが明るみに。畑山は87年9月「元祖地上げ屋」八大産業社長・川口勝弘の自宅に押し入り、同家お手伝いを射殺
7・12	共政会系組員、JR広島駅新幹線下りホームでひかり6号の停車を待ち受け、短銃を乱射、巻き添えで三乗客が重軽傷

1988（昭和63）年

榴弾二個など押収

2・19　山口組直系一力一家、静岡地裁浜松支部での和解交渉で、組事務所を撤去、ビルを組事務所に使わないなどを内容とする和解に応じる

2・25　山口組直系熊本組組長・熊本親、岡山県玉野署を訪ね、自らの引退を表明

3・25　大阪地裁、タイ航空機爆発事件で山口組系山健組内鈴秀組組員・中川制毅に未必の故意による殺意を認め、懲役20年を判決

4・11　山口組系弘道会内司道連合の幹部ら、札幌ススキノで加茂田組内二代目花田組組長・丹羽勝治を射殺

5・7　竹中組組長・竹中武、仲介者を通して一和会副会長・加茂田重政と折衝、加茂田組解散、加茂田引退を引き出す

5・14　竹中組内安東会会長・安東美樹ら、神

8・12　仕手筋のコスモポリタン会長・池田保次失踪し、負債７００億円で実質的に崩壊

9・14　合田一家の山口県萩市の別荘「幸山荘」が競売に付され、暴力追放の住民側が１億９２００万円で落札

10・12　仕手筋の「日本土地」大阪地裁に自己破産を申請し、倒産。社長の孫主鎬（日本名は木本一馬）は10日銃刀法違反で大阪府警に逮捕

10・16　警視庁捜査四課、総会屋「財研」代表・田中正男こと伊丹英輔らに二百数万円の現金を贈った容疑でパルコ元専務・森幸八らを逮捕

10・28　最上恒産会長・早坂太吉、コスモポリタン会長・池田保次に30億円詐取されたと大阪地検特捜部に告訴

	戸市東灘区の山本広宅攻撃に際し、警備の警察官三人を銃撃、負傷させ、山本宅めがけ、てき弾を暴発
5・21	一和会幹事長代行・松本勝美、松美会の解散と引退決める
6・10	一和会理事長補佐・福野隆（佐世保市）、一和会を脱退
6・16	一和会常任幹事・中村清（名古屋）、中村組を解散、引退
7・4	一和会幹部らバスを列ね鹿児島の温泉に（〜6日まで）
7・12	一和会風紀委員長・松尾三郎、大阪住吉区の自宅前で一和会系大川健組の組員に狙撃され、ボディガードの組員が負傷
7・15	一和会の松尾三郎はじめ北山悟、井志繁雅、坂井奈良芳、大川覚、河内山憲法、浅野二郎、徳山三郎、吉田好延、

1988（昭和63）年	
	末次正宏、片山三郎の幹部十一人、一和会を15日までに脱退
7・30	一和会、脱退の幹部を絶縁、破門などに処分
10・4	一和会理事長補佐（神竜会）加茂田俊治（松山市）、一和会から脱退、解散。一和会常任幹事・大川健（大阪住吉）も一和会の看板おろす
10・5	一和会常任幹事・坂田鉄夫、一和会を脱退
10・18	大阪・布施署、北浜の相場師、コスモリサーチ元社長・見学和雄を殺したという山口組系宅見組内石原総業傘下坂本総業組長・尹敬一らの自供に基づき、京都・南山城村の山中を発掘、見学らの二遺体を発見
11・末	二代目山広組事務所、神戸市北長狭通りの一和会本部に移転

12・29	渡辺芳則と竹中武、姫路市御着の竹中正久実家で会談

1989（昭和64、平成元）年

1・27	渡辺芳則派、五代目問題の一挙決着策すが延期。これにつき怪文書「任侠道新聞」が批判、直系組長らに送付
2・11	渡辺芳則と竹中武、神戸の料亭で会談
2・27	竹中組組長・竹中武、山口組若頭補佐に就任
3・16	渡辺芳則、大津の会津小鉄会会長・高山登久太郎宅で一和会会長・山本広と会見、山本は一和会解散、引退の書面を渡辺に手渡す
3・18	山口組緊急執行部会、対一和会問題の終結法で中西と渡辺対立
3・19	山本広、神戸・東灘署に「引退・解散」を届け出
3・20	大阪高裁、石川裕雄ら竹中正久射殺犯

6・24	美空ひばり、間質性肺炎で死亡、52歳
7・9	共政会など十二団体「西日本二十日会」を結成
7・10	大阪地裁、「日本土地」の破産廃止を決定
7・12	広島駅新幹線ホームで暴力団抗争に巻き込まれ、負傷した市民ら三人、暴力団員十人に１９００万円の損害賠償求め、広島地裁に訴え
8・18	コカイン密輸組織のメデジン・カルテル、コロンビアのボゴタで上院議員ルイス・カルロス・ガランを射殺
9・6	公正取引委員会、関西新空港工事の埋め立て土砂のヤミカルテルで海上埋立土砂建設協会加盟の六社に勧告

1989（平成元）年

	の控訴審で判決。石川ら無期懲役が確定
3・22	山口組、再度の緊急幹部会、山本広の山口組への謝罪決まる
3・23	山口組、臨時直系組長会。一和会の「引退、解散」を通達
3・27	山口組執行部会で初めて中西一男、渡辺芳則の五代目組長立候補決まる
3・29	山口組執行部が上京し、山本広の「引退・解散」への協力で稲川会に謝辞
3・30	山本広、山口組本家を訪ね、1・26事件を詫び、竹中正久、田岡一雄の位牌に焼香
4・13	兵庫県警、山本広宅の24時間張りつけ警備を解除
4・18	大阪・兵庫両府県警、五代目組長に渡辺芳則が内定という情報流す。16日の舎弟会で渡辺の推挙決定が根拠
9・22	コロンビアでモニカ・デグレイフ法相、麻薬組織に脅迫され辞任
11・10	俠道会総裁・森田幸吉死亡
11・27	メデジン・カルテル、「密告者殺害のため」コロンビア国営アビアンカ航空の旅客機を爆破、百七人死亡
12・12	道仁会系古賀一家組員、取調べ中に暴行を受けたとして国や警察官らを相手どり総額1億1000万円の賠償を求める訴え起こす
12・12	長谷工コーポレーションが東京・築地の630m²の地上げにからみ暴力団に6億円払っていたことが明るみに

4・20	山口組緊急執行部会で中西一男の候補辞退、渡辺芳則の五代目案を討議、承認
4・27	定例会で渡辺芳則の五代目就任を正式決定
5・10	緊急執行部会で、宅見勝の若頭就任が内定、竹中武は欠席
5・18	渡辺芳則、舎弟二十四人、若衆四十五人との盃直し挙式
5・23	兵庫県警、山口組若頭補佐・桂木正夫を詐欺容疑で逮捕
5・27	五代目体制の新人事を定例会で発表
5・31	渡辺芳則、ゴルフ場傷害事件で有罪判決、懲役10月、執行猶予3年が確定
6・4	山口組、竹中正久の位牌と仏壇を岡山の竹中組に運び込む
6・5	山口組定例会で竹中組ら四団体の山口組離脱を報告、渡辺は新直系組長十四

1989（平成元）年

	人との盃事挙式
6・16	山本広、自宅の防御ネットをはずす
6・25	山口組執行部、竹中武を訪ね、守り刀の譲り渡しを交渉、竹中武は諒承。同時に山口組、竹中組ら脱退の四団体は山口組と無関係とする通知を友誼団体に送付
7・3	岡山の竹中組本部事務所に初のカチ込み
7・18	竹中組、山菱の代紋をおろし、新代紋に取り替え
7・20	渡辺芳則、山口組本家で五代目襲名継承式を挙行
7・21	警備会社最大手のセコム、竹中組の姫路「立町ビル」を4億4000万円で買収
7・28	竹中組、杉本明政ら三幹部を破門、除籍、同時に総会で新人事発表

8・1	宅見勝、杉本明政ら元竹中組幹部二人に舎弟の盃
8・23	姫路の竹中組系事務所にカチ込ミ開始、以後、竹中組の組員動揺し、離脱相次ぐ
8・31	倉本広文ら三人の若頭補佐、竹中武を訪ね、竹中組の解散と竹中武の引退を迫る、竹中武は拒絶
9・27	山口組系初代誠友会が札幌で稲川会系越路家一家とカチ込ミの応酬
10・5	桂木正夫、山口組定例会で舎弟頭補佐に昇格
10・11	宅見勝、組長襲名式ビデオの無断放映でTBSを提訴
11・5	竹中正久の組葬を山口組本家で開催
12・5	山口組定例会で新直系組長九人
1・4	山口組系初代誠友会総長・石間春夫、

1・3	パナマの将軍ノリエガ、侵攻した米軍

1990（平成2）年

札幌で共政会系維新天誅会の組員により射殺

1・23 竹中組元相談役・竹中正の自宅前路上に火炎びん投げ込まれる

2・15 山口組系宅見組内組員ら二人、東京・八王子で二率会系事務所に押しかけ、逆に殺される。以後26日まで山口組系組員のカチ込ミ続発

3・4 山口組四代目組長・竹中正久の内妻宅（姫路）に発砲

3・5 竹中組組員・熊原健祐、岡山市の自宅で撃たれ死亡

3・6 岡山県警、短銃3丁などの所持で竹中組幹部ら四人を現行犯逮捕

3・12 竹中組幹部・八栗拓一、倉吉市の路上で撃たれ死亡

3・28 神戸地裁、国と兵庫県に総額5億円の損害賠償を求めた会社社長・中西均の

に投降、米麻薬取締局は逮捕し、マイアミに連行

1・7 米政府、コロンビアからの麻薬密輸入の取締りで、空母ジョン・F・ケネディと巡洋艦バージニアをカリブ海に出動、コロンビア政府は反発

1・16 俳優の勝新太郎、ハワイに入国の際、マリファナ、コカイン10グラム余を所持していた疑いでホノルル税関に逮捕

1・18 「天皇に戦争責任はある」と発言の長崎市長・本島等、市庁舎前で右翼の正気塾幹部に撃たれ重傷

1・18 米連邦捜査局、おとり捜査でワシントン市長マリオン・バリーを麻薬購入容疑で逮捕

2・6 大日本愛国党総裁・赤尾敏、心不全で死亡、91歳

2・13 自民党議員の浜田幸一、稲川会系組員

訴えに対し、県警による自白強要だけを認め、県に慰謝料150万円の支払いを命じる判決

4・9　山口組の代理人弁護団、3月24日ゴルフ目的で沖縄入りした渡辺芳則らの那覇空港での追い返しは人権侵害だと、沖縄県警本部に警告書送る

5・14　山口組系三代目山健組組長・桑田兼吉と共政会理事長・沖本勲、神戸の山口組本部で兄弟の盃交わす

に鉄パイプで殴られ、負傷

2・15　東京地裁の所長代行・三宅弘人、正気塾東京本部の部屋立退きを求めた裁判の判決に関し、担当裁判官の仮名報道を司法記者クラブに申し入れ、直後に撤回

4・3　韓国釜山市警、同市の暴力団「白虎派」の四人を逮捕、六人を指名手配し、同派は大阪府富田林市の山口組系組織と提携、〝研修〟を受けたと発表

4・11　東京・新宿の暴力団幹部らが中央アフリカ共和国駐日大使館発行の「商務官」身分保証状を持っていたことが判明

4・22　右翼団体「維新塾」元幹部、大嘗祭反対声明のフェリス女学院大学学長・弓削達宅に銃弾撃ち込む

5・14　TBS社長・田中和泉、3月20日放映

				の「ギミア・ぶれいく」の暴力団債権取り立てシーンにからみ、不動産業者への暴行現場撮影の事実を認め、陳謝

本書は一九九〇年に三一書房から刊行された
『山口組ドキュメント　山口組五代目』に、
一部訂正・加筆の上、文庫化したものです。

溝口敦－ノンフィクション作家。1942年、東京都に生まれる。早稲田大学政治経済学部を卒業後、出版社勤務などを経て、フリーに。『食肉の帝王』（講談社＋α文庫）で2003年講談社ノンフィクション賞を受賞した。
著書には『パチンコ「30兆円の闇」』『仕事師たちの平成裏起業』（以上、小学館）、『渡辺芳則組長が語った「山口組経営学」』（竹書房）、『化・け・るサラリーマン』（にんげん出版）、『池田大作「権力者」の構造』『武富士　サラ金の帝王』『血と抗争　山口組三代目』『山口組四代目　荒らぶる獅子』『ドキュメント　五代目山口組』『武闘派　三代目山口組若頭』『撃滅　山口組vs一和会』『新版・現代ヤクザのウラ知識』（以上、講談社＋α文庫）などがある。

講談社＋α文庫　ドキュメント　五代目山口組《ごだいめやまぐちぐみ》

溝口《みぞぐち》　敦《あつし》　

2002年 8 月20日第 1 刷発行
2015年 9 月24日第14刷発行

発行者――――鈴木 哲
発行所――――株式会社 講談社
東京都文京区音羽2-12-21 〒112-8001
電話 編集(03)5395-3532
販売(03)5395-4415
業務(03)5395-3615

写真――――毎日新聞社
デザイン――――鈴木成一デザイン室
カバー印刷――――凸版印刷株式会社
印刷――――慶昌堂印刷株式会社
製本――――株式会社国宝社

落丁本・乱丁本は購入書店名を明記のうえ、小社業務あてにお送りください。
送料は小社負担にてお取り替えします。
なお、この本の内容についてのお問い合わせは
第一事業局企画部「＋α文庫」あてにお願いいたします。
Printed in Japan ISBN4-06-256653-2
定価はカバーに表示してあります。